Wisdom 31

W31 WISDOM 31

지은이 | 하형록
초판 발행 | 2018. 6. 4
16쇄 발행 | 2024. 9. 5
등록번호 | 제1988-000080호
등록된 곳 | 서울특별시 용산구 서빙고로65길 38
발행처 | 사단법인 두란노서원
영업부 | 2078-3333   FAX | 080-749-3705
출판부 | 2078-3331

책 값은 뒤표지에 있습니다.
ISBN 978-89-531-3164-4 03230

독자의 의견을 기다립니다.
tpress@duranno.com   www.duranno.com

· 한글 성경은 개역개정판을, 영어 성경은 NIV를 사용했으며, 다른 역본은 별도로 명시했습니다.

두란노서원은 바울 사도가 3차 전도여행 때 에베소에서 성령 받은 제자들을 따로 세워 하나님의 말씀으로 양육하던 장소입니다. 사도행전 19장 8-20절의 정신에 따라 첫째 목회자를 돕는 사역과 평신도를 훈련시키는 사역, 둘째 세계선교(TIM)와 문서선교(단행본잡지) 사역, 셋째 예수문화 및 경배와 찬양 사역, 그리고 가정·상담 사역 등을 감당하고 있습니다. 1980년 12월 22일에 창립된 두란노서원은 주님 오실 때까지 이 사역들을 계속할 것입니다.

WISDOM

성경대로 세상 살기
WISDOM 31

W31

하형록
지음

두란노

WIS
DO
W31
M

목차 ─────────────────────────────────

프롤로그 6

나는 나와 친밀한 사람들을 소개할 때 동사로 표현한다. 명사로 표현하지 않는다. 예를 들어, 아버지에 대해서 표현할 때 "우리 아버지는 목사이셨다. 거창이 고향이었다. 6·25전쟁 때 학도병이셨다. 부산 고려신학교 졸업생이셨다"라고 소개하지 않는다. 이것은 다 명사로 표현된 것이다. 반면에 나는 동사로 아버지를 이렇게 표현한다.

"우리 아버지는 나환자를 13년 동안이나 섬기셨다. 담대하셔서 6·25전쟁 때 자진해 싸우셨다. 성격이 급하지만 매우 인자하셨다."

왜냐하면 목사이며, 거창이 고향이고, 고려신학교 졸업생이라는 것은 아버지의 핵심(essence)이 아니기 때문이다. 아버지의 핵심은 섬기며, 정의를 위해 싸우며, 자상하고 인자한 분이시라는 것이다.

모두 각자의 부모님을 동사로 표현해 보기를 바란다.

그렇다면 누군가 예수님이 누구시냐고 물어보면 우리는 어떻게 소개하는가?

우리는 주로 예수님을 그분의 위치와 명사로 자신 있게 표현한다.

"예수님은 하나님의 아들이시다. 구세주이시다. 왕의 왕이시다. 베들레헴에서 태어나셨다."

그런데 정말 이 명사들이 예수님의 에센스(essence)인가?

우리는 어릴 때 누가 "너는 커서 무엇이 될래?"라고 물으면 모두 한결같이 명사로 표현했다. 예를 들어, 건축가, 화가, 의사, 변호사, 정치가, 예술가, 작가 등이다. 옛날에는 많은 어린이들이 주로 대통령이 되겠다고 했었다. 요사이는 가수, 연예인, 요리사, 운동선수가 되겠다는 어린이들이 많다.

그런데 만일 예수님이 어릴 때 같은 질문을 받으셨다면 그분은 "저는 커서 구세주가 되고 왕의 왕이 될 것입니다"라고 대답하셨겠는가? 당연히 그러하시지 않았을 것이다.

명사로 표현하는 소개가 듣는 이에게 부담이 되는 세상이 되었다. 한편 동사로 표현하는 소개는 듣는 이로 하여금 더 친밀하게 느끼고 가까워지고 싶게 한다. 명사는 꿈으로 남을 수 있지만, 동사는 그때그때 반응하게 한다. 그 반응이 에센스가 되고 사람을 만든다.

예수님의 에센스는 무엇인가? 그분의 동사는 무엇인가?

예수님은 자기 삶의 목적을 이렇게 표현하셨다. "나는 구하러 왔다"(I came to save). 그리고 "나는 섬기러 왔다"(I came to serve). 이것이 예수님의 삶의 목적이었고, 그분은 그렇게 사셨다. 예수님은 동사로 사셨기에 끝내 우리의 구세주, 왕의 왕이 되셨다.

예수님은 사명을 주실 때도 우리에게 훌륭한 제자가 되라고 하지 않으시고 "양을 먹이라"(Feed my sheep), 그리고 "나를 따르라"(Follow me)라고 동사로 표현하셨다.

예수님의 참된 삶을 수많은 동사로 표현하는 에센스는 잠언에 기록되어 있다. 잠언은 예수님의 에센스를 다룬다. 성경 전체, 구약을 비롯해 신약도 예수님의 에센스를 다룬다. 그러나 특별히 "예수님이 어떠한 상황에서 어떠한 인격을 가지고, 어떠한 마음을 가지고, 어떠한 동사로 사시고, 어떻게 결정하실까?"를 보여 주는 말씀은 잠언에 수없이 놓여 있다.

이것은 지혜이다. 잠언에 지혜는 '하나님을 두려워함'에서 온다고 분명히 기록되어 있다(잠 9:10). 지혜의 신통함은 학벌에서 오는 것이 아니다. 경험에서 오는 것도 아니다. 같은 경험에 대해 어떤 이는 좋은 결론을, 어떤 이는 좋지 않은 결론을 내릴 수 있기 때문이다.

그렇다면 예수님의 핵심, 인격, 그분의 에센스는 어디에서 오는가?

예수님의 에센스는 어디에서 오는 것이 아니다. 잠언에 나오는 지혜가 바로 예수님이시다.

나는 심장 수술을 하기 위해 병원에서 6개월 동안 기다리면서 잠언을 무척 많이 읽었다. 그 후 성경 공부를 할 때면 잠언을 처음부터 끝까지 자주 공부했다. 잠언 4장 7절을 보면 놀라운 사실을 발견할 수 있다.

지혜가 제일이니 Wisdom is supreme, 잠 4:7

믿음을 가진 우리는 만물을 통치할 수 있는 으뜸의 존재(supreme being)는 오직 예수님이심을 알고 있다. 골로새서 1장 18절에서 이를 확인할 수 있다.

그는 몸인 교회의 머리시라 그가 근본이시요 죽은 자들 가운데서 먼저 나신 이시니 이는 친히 만물의 으뜸이 되려 하심이요 And he is the head of the body, the church; he is the beginning and the firstborn from among the dead, so that in everything he might have the supremacy 골 1:18

계속해서 잠언 4장 7절(현대인의성경)은 "지혜를 얻어라. 그 어떤 것을 희생하고서라도 깨달음을 얻어라"(Get wisdom. Though it cost all you have, get understanding)라고 말한다. 즉 지혜를 얻는다는 것은 예수님을 영접함이요, 예수님을 영접하려면 모든 것을 희생할 수 있어야 한다는 의미이다. 여기서 예수님의 에센스 중 하나인 희생은 승리와 부활을 가져온다는 것을 알 수 있다.

잠언 8장 12절에서 지혜는 하나의 좋은 교훈이 아니고, 인격화된 대상을 나타낸다.

> 나는 지혜이다. 나에게는 총명도 있고 지식과 분별력도 있다
> 잠 8:12, 현대인의성경

NIV 성경은 이 구절의 앞부분을 "I, wisdom, dwell together with prudence"라고 번역하고 있는데, 지혜가 완전히 인격화된 대상임을 보여 준다. 이 말씀은 "나는 지혜이다"라고 말한다. 예수님이 지혜이시다. 지혜가 곧 예수님이시다. 그리고 지혜가 예수님의 에센스이다.

또한 잠언에 나오는 지혜는 바로 성령님이시다. 잠언은 지혜가 태초부터 하나님과 함께했다고 말한다.

> 만세 전부터, 태초부터, 땅이 생기기 전부터 내가 세움을 받았

만세 전부터, 태초부터, 땅이 생기기 전부터 계신 분이 누구신가? 성령님이시다.

예수님의 에센스, 즉 지혜는 삶을 통해 나타난다. 예수님은 그때그때 상황에 따라 지혜로써 우리의 삶에 나타나신다. 지혜는 학문에서 오는 것도, 경험에서 오는 것도 아니라 오직 성령으로 나타난다. 이것이 예수님의 핵심, 에센스이다.

예수님의 에센스를 알면, 우리는 삶에서 주님이 보시기에 좋은 동사로 살 수 있다. 동사로 산다는 것은 예수님의 지혜를 실천하면서 산다는 것이다. 그러면 우리는 다르게 볼 수 있고, 다르게 생각할 수 있고, 다르게 행동할 수 있다.

2018년 6월
하형록

많은 사람이 하형록 목사님을 '회장님'이라고 부르지만 저는 '목사님'이라 부르는 것을 좋아합니다. 저도 목사라서 그렇기도 하지만 하형록 목사님은 목사의 이미지를 새롭게 해 주는 분이기 때문입니다.

하형록 목사님과 대화하다 보면 참 놀라운 지혜가 목사님 안에 있음을 느낍니다. 너무나 깊고 풍성한 지혜에 감탄하게 되는데, 이 모든 지혜가 목사님의 삶에서 나온 것이기에 더욱 감동적입니다. 지혜는 은혜와 마찬가지로 하나님의 선물입니다.

하형록 목사님이 로마 유적지를 방문했을 때 매우 놀라운 사실 하나를 발견했다고 합니다. 부서진 유적들 사이에서 아직도 남아 있는 건물들을 보았는데, 그것은 모두 돌로 세워진 것들이었으며 벽돌로 지은 건물은 하나도 남아 있지 않았다는 것입니다. 인간이 만든 벽돌과 하나님이 창조하신 돌의 내구성의 차이는 사람의 지혜와 하나님의 지혜의 차이를 그대로 보여줍니다.

하형록 목사님의 지혜가 어디에서 나오는 것인지 궁금했는데, 이 책에서 그 이유를 깨닫게 됩니다. 목사님이 예수님 안에서 새 삶을 얻은 후 매순간 성경을 통해 주님을 바라보고, 주님께 귀 기울이고, 주님께 순종하는 삶을 살고 있기 때문입니다. 성경의 잠언과 같은 이 책에서 우리는 예수님과 하나된 사람이 지혜로운 사람임을 알게 됩니다. 지혜는 예수님에게서 나오고, 지혜는 곧 예수님 그분을 말합니다. 예수님과 연합하면 다르게 보이고, 다르게 생각하고, 다르게 행동하게 됩니다.

하형록 목사님이 어떻게 성경대로 보고, 생각하고, 행동했는지, 그 31가지의 방법이 이 책에 쓰여 있습니다. 이 책은 쉽게 읽히면서도 주제가 명확하고 굉장히 재미있습니다. 책 자체가 지혜라고 여겨집니다. 하형록 목사님의 지혜는 철저히 주님 앞에 항복하는 데서 나온 것입니다. 그 까닭에 그에게 하나님의 페이버(favor)가 있습니다.

목사님은 책 사인회를 할 때 "참 희생은 승리의 지름길"이라고 쓴다고 합니다. 다른 사람을 돕는 것이 지혜임을 알기 때문입니다. 희생이란 주님이 보시기에 좋은 공의와 정의이며, 참 공의와 정의는 희생으로 나타납니다. 언제나 말보다 더 감동적인 것은 삶의 증거입니다. 하 목사님은 희생을 삶으로 증거하고 있습니다. 이것이 이 책이 우리에게 던져주는 가장 중요한 도전입니다.

그동안 많은 사람이 하 목사님과 만나고 대화하기를 원했습니다. 제게 개인적으로 만남을 부탁해 온 이들도 많았습니다. 그런 까닭에 이 책의 출간이 너무나 반갑습니다. 이 책을 통해 많은 사람이 목사님께 부어주시는 하나님의 놀라운 지혜를 함께 나눌 수 있게 되기를 바랍니다.

유기성_선한목자교회 담임목사

WIS
DO
W31
M

PART 1

성경대로

다르게
보기

항복이
축복이다

많은 분이 알다시피 나는 심장을 이식받았다. 처음 심장에 이상이 발견되었을 때 나는 인생의 막다른 골목에 다다랐다. 만약 마틴 루터 킹의 명언인, "우리가 어떤 사람인가는 우리가 역경에 놓인 순간 결정된다"라는 말대로라면, 나는 단연 실패자라고 말할 수 있을 것이다. 심장이 더 이상 작동할 수 없다는 통보를 받은 당시 나는 어떻게 해야 할지 전혀 갈피를 잡지 못한 채 발만 동동 굴렀기 때문이다. 그러나 병원에서 6개월 동안 이식받을 심장을 기다리는 동안, 나는 나이와 무관하게 인생에서 가장 큰 도전이 '항복'임을 배웠다.

인생을 한번 돌아보라. 친구 사이에서 내가 기꺼이 항복하지 않으면 우정은 무너져 내린다. 부부 관계에서 내가 기꺼이 배우자에게 항복하지 않으면 결혼생활은 파탄에 이른다. 마찬가지로, 주님과의 관계에서 내가 전적으로 항복하지 않으면 회복은 불가능하다.

하지만 처음 병원에 실려 갔을 때 항복은 내게 너무도 낯선 단어였다. 그것은 곧 '실패', '패배', 또는 '약함'을 의미했다. 내게 항복은 어떤 의미로든 결코 관련되고 싶지 않은 단어였다.

어린 시절, 나는 목회를 하셨던 아버지를 따라 부산 한센병 환자촌에서 자랐다. 당시 한센병 환자들에 대한 사람들의 핍박은 정말이지 너무 심각했다. 형님과 나는 한센병 환자촌에서 산다는 이유로 날마다 동네 아이들의 조롱과 따돌림과 놀림의 대상이 되었다. 매일 수모를 당하면서 우리는 자신감을 잃어 갔다. 아이들과 마주치는 것조차 기피하며 자랐다.

그러던 어느 날, 나는 내 또래의 한센병 환자에게 "어떻게 이 상황을 견딜 수 있니?"라고 물었다. 그러자 그 아이는 이렇게 대답했다.

"이게 바로 나야. 나도 이런 병을 앓고 싶지는 않았지만, 이게 나인 걸 어쩌겠니. 그래서 그저 그 사실을 있는 그대로 받아들이기로 했어. 그리고 이제 나는 주님의 품 안에서 평화롭게 지내고 있어."

나는 되물었다.

"사람들이 너를 피하고 세상이 따돌리는데 어떻게 분별력을 잃지 않을 수 있단 말이야?"

그러자 그 아이는 다시 평온한 가운데 말했다.

"주님은 언제나 우리에게 선택할 수 있는 기회를 주시지. 하지만 하나님은 특별히 나를 한센병 환자로 만드셔서 내가 주님께 쉽게 항복하도록 하셨어. 나 스스로 선택한 길은 아니지만, 주님은 내가 그분께 항복하도록 다른 선택을 할 수 없게 만드신 거야."

어리석게도 나는 심장을 이식받는 역경을 맞닥뜨릴 때까지 그 아이가 말한 항복의 의미를 깨닫지 못했다. 심지어 처음 심장에 이상이 있어 생명이 위독할 수 있다는 진단을 받았을 때도 주님께 항복할 준비가 전혀 되어 있지 않았다. 주치의가 "당신은 이제 심장 이식을 받을 수밖에 없습니다"라고 말했을 때조차도 나는 그의 제안을 거절하고 다른 선택이나 치료 방법을 찾아보자고 우겼다.

다른 그 어떤 선택조차 불가능하다는 사실을 알게 된 날, 나는 비로소 내게 남은 선택은 단 하나, 심장을 이식받는 것뿐임을 깨닫게 되었다. 그리고 어둡고 조용한 방 안에 혼자 남겨졌을 때 나는 울었다. 내가 찾고자 했던 모든 선택의 가능성은 물거품이 되었고, 이제 주님 외에는 돌아갈 곳이 없다는 사실을 깨달았다. 그날 밤, 나는 내 인생 처음으로 주님께 항복했다!

절망의 낭떠러지에 놓였을 때, 어두운 갱도의 끝에서 자신을 찾고자 할 때 좌절하지 말고 주님께 항복하라. 우리가 생각하는 다른 가능성들을 제거하심으로써 우리로 하여금 주님 앞에 항복하게 하시는 주님께 감사하고 그분을 찬양하라. 주님은 항복을 통해 우리의 삶을 보다 나은 방향으로 이끌어 가신다.

그런즉 너희는 하나님께 복종할지어다 약 4:7

주 앞에서 낮추라 그리하면 주께서 너희를 높이시리라 약 4:10

항복은 우리의 인생에서 가장 큰 도전이다. 하지만 일단 우리가 주님께 항복하면, 그것이 우리에게 가장 큰 강점이 된다. 우리는 자신을 낮추고 진심으로 항복함으로써 사람들의 마음을 움직이고, 사람들을 감동시키고, 사람들을 변화시킬 수 있다.

항복은 용서의 기반이 된다.

항복은 사람들이 하나 되게 하는 단합의 기폭제가 된다.

항복은 우리를 영광스러운 삶으로 이끄는 힘이 된다.

예수님도 우리와 마찬가지로 죽음이라는 역경에 직면하셨다. 다른 선택의 기회가 있었음에도 불구하고, 그분은 우리를 위해 기꺼이 항복하셨다. 그리고 우리에게 부활의 능력과 영생의 소망을 보여 주셨다.

그러므로 죽기까지 낮아지신 주님 앞에 자신을 낮추라. 납작 엎드려 항복하라. 그때 주님이 우리를 높이실 것이다. 역경 가운데 항복은 축복이다!

||||||||||||||||||||||||||

내 아들아 네 마음을 내게 주며
네 눈으로 내 길을 즐거워할지어다 잠 23:26

지혜를 배우는 나눔 질문

Q1. 나에게도 하나님이 다른 가능성들을 제거하심으로써 주님 앞에 항복할 수밖에 없던 사건이 있었는가?

Q2. 그 항복으로 인해 내가 새롭게 깨달은 것은 무엇이었는가? 그것이 축복이었다고 생각하는가?

불확실한 미래에
불안할 때

—

2008년 미국 대선은 특이하게도 선거 그 자체보다 유례없는 경제 위기가 큰 이슈였다. 2-3명만 모였다 하면 너 나 할 것 없이 경제 위기 문제에 입을 모았다. 막강한 금융사들과 주요 자동차 업체들이 줄줄이 부도 위기에 처했다. 그 파급 효과는 각종 중소 업체들로 이어졌고, 많은 사람이 불확실한 미래에 대해 불안해했다. 나는 그 불확실한 시기에 한 발자국 물러나 자신을 돌아보는 시간을 가졌다.

'어떻게 하면 이 난국을 헤쳐 나갈 수 있을까?'

그 와중에 단기선교 및 사역자 회의차 코스타리카를 가게 되었다. 우리 일행이 코스타리카에 도착했을 때는 늦은 저녁이었다. 호텔까지 가는 길은 낯설고 험난했다. 불빛이나 문명의 혜택이라고는 도무지 찾아볼 수 없는 시골길을 2시간이나 미니버스를 타고 달려야 했다. 현재 우리가 있는 곳이 어디인지, 우리가 가는 목적지가 어디인지 분간하기조차 어려운 불확실한 상황이었다. 그저 언어도 잘 통하지 않는 원주민 미니버스 운전사에게 전적으로 의존해야만 했다.

호텔에 도착하자 시간은 이미 자정에 이르렀고, 나는 불안하고 두려운 마음으로 어디에 위치하고 있는지조차 알지 못하는 호텔 객실에 몸을 뉘었다.

다음 날 아침, 눈을 뜨고 커튼을 열자 밝은 아침 햇살이 호텔 방 안으로 쏟아져 들어왔다. 그리고 내 눈앞에는 어마어마한 활화산이 펼쳐져 있었다! 나는 그 장엄한 풍경에 순간 말문이 막혔다. '끝없는', '영구불변의', '믿을 수 없는', '절대적인' 등등 그 어떤 불확실한 형용사들로도 그 절경을 표현할 수 없음에 안타까워했다.

하지만 그 어떤 단어로도 형언할 수 없는 장면에 압도된 바로 그 순간, 내 머릿속에 선명한 단어 하나가 떠올랐다.

'확신!'

그제야 비로소 내게 필요했던 심리적 안정감을 느꼈다. 불확실의 잿더미 속에서 마음의 안정을 되찾은 것이다. 활화산 아래 놓인 비옥한 농장의 풍경은 내게 불확실함 속에서 솟구쳐 나온 화산재의 힘을 되새겨 주었다. 그러면서 다음과 같은 질문이 떠올랐다.

'만약 우리 인생이 화산재에 갇힌 것 같은 역경에 처한다면 우리는 어떻게 살아야 할까?'

내가 찾은 답은 이렇다. 역경에 처했을 때 우리는 무엇보다 자신에게 정직해야 한다. 우리의 친구들, 우리의 가족들, 그리고 우리의 직원들에게 정직해야 한다. 또한 우리는 투명성을 견지해야 한다.

오늘날 많은 사람이 있는 그대로의 진실을 밝히기보다 그저 자신이 처한 위기 상황을 임기응변으로 모면하며 자기 입장을 옹호하고, 사람들로부터 자신의 옳음을 이해받고자 한다. 하지만 만약 우리가 진실로 다른 사람들에게 이해받고 싶다면 우리는 먼저 자신이 공개하고 싶지 않은 사실을 진솔하게 털어놓고, 자신이 처한 역경을 다른 이들과 공유할 수 있어야 한다. 그때 소중한 사람들과 함께 역경을 헤쳐 나갈 수 있고, 자신 또한 심리적 안정감을 가질 수 있다. 그것은 하나님께도 마찬가지다.

언젠가 직장, 관계, 신앙생활을 그만두고 싶은 때가 있었다. 더 이상 살고 싶지 않았다. 마침내 나는 모든 것을 그만두기로 결정했고, 숲으로 가서 하나님과 마지막 대화를 나누었다.

"하나님, 제가 그만두지 말아야 할 이유를 한 가지만 알려 주십시오."

하나님의 대답은 놀라웠다.

"주위를 둘러보렴. 고사리와 대나무가 보이니? 나는 고사리와 대나무의 씨를 심을 때 각별히 신경을 썼다. 빛을 주고 물을 주었다. 고사리는 빨리 자랐다. 매우 아름다운 초록빛으로 땅을 덮었다. 그사이 대나무에서는 어떤 일도 일어나지 않았다. 그러나 나는 대나무를 포기하지 않았다.

2년이 지나자 고사리는 더 생기 있게 자랐고 풍성해졌다. 대나무 씨는 그대로였다. 그러나 나는 대나무를 포기하지 않았다. 3년째 되던 해에도 변화는 없었다. 그러나 나는 그만두지 않았고, 4년째에도 변화는 없었다. 그리고 5년째 되던 해에 아주 작은 싹이 땅에 나타났다. 고사리에 비하면 그 싹은 아주 작고 하찮게 보였다. 그러나 6개월이 지나자 대나무는 30m가 넘게 자랐다.

대나무의 뿌리가 자라는 데 4년이 걸렸다. 그 뿌리가 대나무를 강하게 만들었고, 살아남기 위해 필요한 것을 주었다. 나는 나의 창조물이 감당할 수 없는 어려움은 주지 않는다.

아들아, 너는 네가 고통스러웠던 그 모든 시간이 사실은 뿌리를 자라게 한 과정이라는 사실을 아느냐? 나는 대나무를 포기하지 않았다. 나는 너도 결코 포기하지 않는다. 다른 사람들과 너를 비교하지 마라. 대나무에게는 고사리와는 다른 목적이 있다. 그러나 대나무와 고사리는 함께 아름다운 숲을 만든다. 너의 시간이 올 것이다. 너는 높이 자랄 것이다."

나는 하나님께 여쭈었다.

"저는 얼마나 높이 자랄까요?"
"대나무는 얼마나 높이 자라느냐?"
"할 수 있는 한 높이 자랍니다."

"너도 그렇게 하라. 네가 할 수 있는 한 높이 자라서 나에게 영광을 돌려라."

나는 하나님이 결코 나를 포기하지 않으셨음을 깨달으며 숲에서 나왔다.

마치 하나님이 화산재로 폐허가 된 땅을 비옥한 농장으로 바꾸어 주셨듯이, 대나무가 할 수 있는 한 높이 자라듯이 하나님은 결코 우리를 포기하지 않으신다. 좋은 날은 당신에게 행복을 준다. 힘든 날은 교훈과 경험을 준다. 그러므로 어느 날이든 당신의 삶에 꼭 필요하다.

또 여호와를 기뻐하라 그가 네 마음의 소원을 네게 이루어 주시리로다 시 37:4

|||||||||||||||||||||||

재난이 폭풍처럼 밀어닥치면 악인은 없어져도
의로운 사람은 끄떡도 하지 않는다 잠 10:25, 현대인의성경

지혜를 배우는 나눔 질문

Q1 대나무 이야기가 나 또는 우리 가족 중 누군가를 닮았다고 생각되지 않는 가? 4년이 지난 뒤 고사리보다 몇 백 배 더 높이 자라는 대나무는 나에게 어떤 교훈을 주는가?

Q2 역경 가운데 있을 때 반드시 살리시는 하나님의 사랑을 믿는가? 그 경험 이 있다면 나누어 보라.

하나님의 음성에
포커스하라

언제나 내 휴대전화는 친구들의 것과 비교할 때 잘 연결되지 않는 편이었다. 내 전화가 불통인 곳에 있을 때도 친구들의 전화는 우수한 성능을 자랑했다. 나는 내 전화가 좀 더 잘 연결되기를 바랐고, 불평하는 대신 휴대전화 통신업체를 바꾸었다. 이제 내 전화는 예전보다 더 잘 연결되어, 내게 연락하려 애쓰는 사람들의 중요한 부름을 놓치지 않고 받을 수 있게 되었다.

세상에는 우리가 놓치는 수많은 중요한 부름이 있다. 우리의 성공은 우리가 그 부름에 얼마나 귀를 기울이느냐에 달려 있다.

이 경험은 내게 전보가 장거리 이동 통신 가운데 가장 빠른 수단이던 시절에 모스 부호 회사 입사 시험에 응시했던 한 젊은 이의 일화를 상기시킨다.

한 젊은이가 인터뷰를 위해 회사에 도착했을 때 그는 커다란 사무실에서 수없이 많은 사람이 바쁘게 움직이는 모습에 주목했다. 그곳은 전보 치는 배경음을 포함해 온갖 소음과 잡담으로 가득 차 있었다. 젊은이는 지원 양식 서류를 작성하고, 다른 7명의 응시자들과 함께 대기석에 앉아 있었다.

불과 몇 분 후, 갑자기 그가 벌떡 일어서더니 안쪽 고위 간부들의 사무실로 들어갔다! 다른 응시자들은 무슨 일인가 궁금해하며 술렁이기 시작했다. 그들 중 몇몇은 자기는 아직 부름을 받지 못했다고 중얼거렸다. 그들은 젊은이가 실수로 사무실에 들어갔고, 그 행동으로 인해 부적격 응시자로 여겨지리라 미루어 짐작하기도 했다.

몇 분 후, 고용주가 젊은이를 사무실 밖으로 데리고 나오더니 다른 응시자들에게 말했다.

"여러분, 이 자리에 와 주셔서 감사합니다. 하지만 여러분이 지원하신 자리는 충원되었습니다."

응시자들은 서로 불평하기 시작했다. 그들 중 한 사람이 말했다.

"잠깐만요, 이해가 안 되는군요. 그는 마지막에 도착했고, 우리는 아직 인터뷰할 기회조차 갖지 못했습니다. 그런데 그가 그 자리를 차지하는 것은 옳지 못하다고 보는데요."

그러자 고용주가 말했다.

"미안합니다. 그러나 여러분이 그 자리에 앉아 있는 몇 분 동안, 이런 전보가 모스 부호로 통신되고 있었습니다. '만약 당신이 이 메시지를 이해한다면 곧바로 사무실로 들어오세요. 그러면 당신이 채용될 것입니다.' 이 응시자만이 모스 부호를 듣고 이해했습니다. 그래서 그가 채용된 것입니다."

하나님은 하나님의 사랑, 위안, 그리고 기회의 모스 부호를 우리에게 보내신다. 우리 모두에게 끊임없이 메시지를 보내신다. 그러나 우리가 마치 일화의 사무실에서처럼 소음과 잡담으로 가득 찬 세상 속에서 무심코 바쁜 삶을 살아가느라 하나님의 부름을 듣지 못하는 것일 뿐이다.

성령님은 모든 믿는 자와 함께하신다. 그러나 믿는 사람들 모두가 성령의 충만함을 받는 것은 아니다. 많은 그리스도인에게 성령님은 무시되거나, 잊히거나, 오해를 받으신다. 성령님은 끊임없이 우리에게 말씀하시지만 우리는 듣지 않는다. 그러나 예수님은 "성령님 없이는 아무것도 할 수 없다"고 말씀하셨다.

그렇다면 우리는 어떻게 성령을 받을 수 있는가? 예수님은 승천하시기 전 이렇게 말씀하셨다.

오직 성령이 너희에게 임하시면 너희가 권능을 받고 행 1:8

우리는 이 말씀으로 인해 매우 흥분한 마음으로 성령님이 오시기를 기다리고 있다. 하지만 더 이상 기다리지 말라. 이미 성령님이 오셨기 때문이다! 믿는 우리는 예수께서 우리의 구주이심을 선포할 때 성령을 받았다. 성령님이 이미 당신 안에 거하신다.

그러면 성령님은 누구신가? 먼저, 우리는 성령님이 어떤 종류의 '불' 또는 문자 그대로 '강한 바람'이 아니시라는 것을 반드시 이해해야 한다(행 2:2-3). A. W. 토저(A. W. Tozer)는 이렇게 말했다.

—— 성령님은 열정이 아니시다. 그분은 용기가 아니시다. 그분은 에너지가 아니시다. 그분은 '잭 프로스트'(Jack Frost)가 '추운 날

씨'의 의인적 표현인 것처럼 모든 선한 특성의 의인화가 아니시다. 사실 성령님은 어떤 것의 의인화가 아니시다. 성령님은 개성을 갖고 계신다. 성령님은 뜻과 지혜를 갖고 계신다. 그분은 지성과 연민과 사랑하고, 보고, 생각할 수 있는 능력이 있으시다. 성령님은 듣고, 말하고, 열망하고, 슬퍼하고, 기뻐하실 수 있다.

잠언 전체는 성령님의 인격(essence)을 보여 준다. 성령님의 인격이 지혜(wisdom)이다. 잠언은 지혜가 예수님이고, 성령님이심을 보여 준다. 그러므로 우리가 성령의 충만함을 받으면 우리는 성령님과 완전한 연합 안에 지혜롭게 살게 된다. 우리는 성령님의 의견과 지시에 의지하기 시작한다. 왜냐하면 성령님은 생각하고, 듣고, 말하고, 우리와 함께 일하시는 분이기 때문이다.

그렇다면 우리는 어떻게 성령의 충만함을 받을 수 있는가?

성경은 성령의 충만함을 받는 방법은 '순종하는 것'이라고 말하고, 잠언에서는 "하나님을 두려워함"이라고 강력하게 말한다. 순종하고 두려워할 때 우리는 성령의 충만함을 받을 것이다. 성령이 충만하다는 것은 예수님의 지혜가 우리에게서도 흘러나온다는 것이다.

이사야 40장 31절은 "오직 여호와를 앙망하는 자는 새 힘을 얻으리니 독수리가 날개 치며 올라감 같을 것이요"라고 말한다.

우리가 우리의 날개를 퍼덕거리면 닭처럼 겨우 3m 정도밖에 앞으로 나아갈 수 없다. 우리는 갈매기처럼 되기 위해 노력할 수 있다. 갈매기는 닭보다 훨씬 더 잘 난다. 갈매기는 나는 법을 알기 때문이다. 그러나 갈매기는 솟아오를 수 없다. 한편 독수리는 하늘과 태양을 향해 곧장 솟아오르는 방법을 안다! 독수리는 자기 힘을 사용해 솟아오르지 않는다. 독수리는 다른 힘에 의지한다. 더운 공기가 찬 공기를 만날 때 생성되는 상승 기류(air columns)의 힘을 타고 솟아오른다.

더운 공기는 하늘과 태양을 향해 똑바로 올라간다. 독수리는 위를 향해 날개를 편다. 그리고 언덕이나 산비탈에 부는 바람의 상승 기류를 탄다. 그때 독수리는 우아하고 쉽게 날게 된다. 이런 방식으로 독수리는 작은 에너지로도 멀리 날 수 있다.

우리는 비록 독수리처럼 깃털이 달린 날개는 없지만, 우리도 날 수 있다! 우리는 독수리의 날개보다 훨씬 더 강력한 것을 가지고 있다. 독수리보다 훨씬 더 높이 솟아오를 수 있도록 돕는 어떤 것이 있다. 우리에게는 성령의 날개가 있다!

하나님은 성령님이 우리 안에 거하신다고 말씀하신다. 성령님은 우리와 함께하신다. 성령님은 우리의 일부이시다. 성령님은 크신 분이다. 우리가 성령님의 상승 기류를 탈 때 성령님이 우리를 통해 드러나신다.

　우리가 하나님께 순종하고 그분을 두려워할 때 성령님이 독수리가 날개 치며 올라감같이 강한 힘을 주신다. 성령으로 충만해진다. 그때 세상의 소음과 잡담 가운데 하나님의 세미한 음성이 들린다. 하나님의 음성에 '포커스(focus)'할 수 있게 된다. 이것이 성령님의 지혜이다. 하나님은 당신보다 크시고, 당신 안에 계신다. 하나님을 당신 안에 가두지 말라. 하나님이 당신을 통해 드러나시도록 하라.

|||||||||||||||||||||||

지혜는 가장 소중한 것이다. 지혜를 얻어라.
그 어떤 것을 희생하고서라도
깨달음을 얻어라 잠 4:7, 현대인의성경

지혜를 배우는 나눔 질문

Q1 나는 하나님의 음성을 하나도 놓치지 않으려고 영적으로 깨어 있는가? 만약 그렇지 못하다면 어떻게 해야겠는가?

Q2 성령님의 상승 기류를 타고 독수리처럼 힘있게 세상을 날고 있는가? 그 비결을 다른 이들과 나누어 보라.

다르게
반응하라

—

어느 중학교 수업 시간에 세계 7대 불가사의에 대해 공부했다. 수업이 끝날 무렵 선생님은 학생들에게 자신들이 생각하는 7가지 불가사의를 적으라고 했다. 대부분의 학생이 노트에 이렇게 적었다.

> 1. 피라미드(Pyramid)
> 2. 빅토리아 폭포(Victoria Falls)

3. 그랜드 캐니언(Grand Canyon)

4. 콜로세움(Colosseum)

5. 만리장성(Great Wall)

6. 에펠탑(Eiffel Tower)

7. 타지마할(Tāj Mahal)

　　잠시 후 선생님은 한 학생이 아직 노트에 아무것도 적지 않은 것을 발견했다. 이유를 물었더니 너무 많아서 답을 쓸 수가 없다고 했다. 선생님이 도와줄 테니 몇 개만 말해 보라고 하자 학생은 자기가 생각한 불가사의를 말하기 시작했다.

1. 만지기(to touch)

2. 맛보기(to taste)

3. 보기(to see)

4. 듣기(to hear)

5. 뛰기(to run)

6. 웃기(to laugh)

7. 사랑하기(to love)

　　학생은 7가지 불가사의를 다르게 보았고, 그 불가사의들은 멀리 있는 것이 아니라 이미 우리가 갖고 있는 것들이었다. 이처럼 하나님은 우리가 세상을 다르게 보기를 바라신다.

내가 다르게 보기 시작한 것은 심장병동에서였다. 다르게 보기 시작하면서 기도가 바뀌었다. "내 심장을 고쳐 주세요"에서 "나를 고쳐 주세요"로 변했다. 이전에는 세상으로 돌아가기 위해 살기를 원했지만, 다르게 보게 된 이후에는 하나님께 돌아가기 위해 살기를 원했다. 이전에는 나를 위해 살기를 원했지만, 다르게 보게 된 이후에는 이웃을 위해 살고 싶었다.

우리의 삶은 우리의 반응에 따라 결정된다. 적절한 반응이 인생을 결정한다. 인생을 결정하는 3가지가 있다.

- 비전(vision)
- 부르심(calling)
- 반응(response)

우리 안에 계신 성령님이 주시는 평화가 있을 때 우리는 믿음이 있는 자로서 바람직한 반응을 할 수 있다. 그런데 어떻게 반응하느냐는 오로지 나 자신에게 달려 있다. 말을 시냇가로 끌고 갈 수는 있지만 물을 먹일 수는 없다. 비전도 중요하고 부르심도 중요하지만, 어떻게 반응하느냐가 더 중요하다고 할 수 있다.

위대한 비전을 갖고 있고, 좋은 교회에 다니고 있으며, 존경받는 부모와 많은 사람으로부터 부러움을 사는 직업을 갖고 있다 해도 적절한 반응을 할 줄 모른다면, 우리의 삶은 아직 방황하고 있는 것과 같다.

우리는 고등학교를 졸업할 때까지 약 16년간 교육을 받는다. 그 후에도 필요에 따라서 2-4년간 교육을 더 받기도 한다. 하지만 주어진 상황에 제대로 반응할 줄 모른다면 배운 바를 제대로 발휘할 수가 없다. 아무리 비전과 부르심이 훌륭해도 반응이 적절하지 못하면 삶이 복잡해진다. 선택권이 있다면, 둘 중 하나는 우리의 방식이고, 다른 하나는 하나님의 방식이다.

그렇다면 우리는 어떻게 해야 주님이 원하시는 길이 무엇인지 알 수 있을까? 적절한 반응, 제대로 된 반응이란 과연 무엇인가?

정답은 단 하나, 다르게 보는 것이다. 이전의 방식대로 보면 길을 찾을 수 없다. 다르게 봐야만 보인다.

어느 날 에스컬레이터로 가다가 두 여인의 대화를 듣게 되었다. 한 여인은 "또 에스컬레이터가 고장이야!"라고 불평하며 투덜거렸다. 그러자 다른 여인이 말했다.

"고장 난 게 아니라 계단으로 변한 것뿐이야."

에스컬레이터는 고장 났다. 그러나 그들 앞에는 희망의 계단이 있었다. 살다 보면 우리도 고장 난 에스컬레이터 같은 상황을 직면할 때가 있다. 병이 났을 때, 남에게 배신당했을 때, 찢어지게 가난해졌을 때 등 경우의 수가 수도 없이 많다. 그때 당신은 어떻게 반응했는가? 이제 불평하기보다 다르게 보기를 선택하라.

강의를 다니다 보면 많은 젊은이가 성공의 비결을 묻는다. 그때 나는 주로 이렇게 대답한다.

"등에 천 근의 무거운 철근을 지고 가다 보면 길을 찾게 될 것입니다."

우리는 모두 무거운 짐을 져야 하는 엄청난 도전에 직면한다. 거절당하거나, 실패하거나, 무능력하게 느껴질 때가 있다. 관계가 깨어지고, 재정이 어려워지고, 병이 날 수도 있다. 가난한 집이나, 전쟁으로 두 동강 난 나라, 혹은 결손 가정에서 태어났을 수도 있다. 그렇다. 우리는 모두 등에 천 근의 철근을 짊어지고 사는 인생이다.

나는 그 짐을 피하지 말고 기꺼이 지라고 말하고 싶다. 왜냐하면 이 도전이야말로 새로운 시작으로 가는 우리의 계단이기 때문이다. 이러한 도전은 우리를 새로운 사명자로 거듭나게 해 주고, 우리 자신보다 더 위대한 목표 의식을 주기 때문이다. 우리 앞에 다가온 예상치 못한 상황, 고장 난 에스컬레이터 앞에서 우리는 주님이 걸어가기 원하시는 길을 선택해야 한다. 그것이 바로 우리가 즉각적으로 보여야만 하는 반응이다. 그 반응이 우리의 삶을 이끌어 간다.

믿음의 조상 아브라함은 비전과 부르심에 하나님이 원하시는 반응으로 응답했다.

- 비전: "너를 통해 큰 민족을 이룰 것이다."
- 부르심: "약속의 땅으로 가라."
- 반응: 순종하고 길을 떠나 길 위의 삶(천막 생활)을 살았다.

놀라운 사실은, 하나님께는 계획이 있으며 스스로 준비하신 다는 사실이다. 우리가 할 일은 아브라함처럼 하나님의 부르심에 믿음으로 반응하며 순종해 그 길 위에 서는 것이다. 그러면 하나님이 그분의 계획에 따라 주신 언약을 이루시고 자신의 영광스런 순간을 준비하실 것이다. 예수님도 같은 방식으로 주어진 삶을 사셨다.

- 비전: "너를 통해 죄에 빠진 인류를 구원하겠다."

- 부르심: "가서 죄인들을 구원하라."

- 반응: 죄인들을 대신해 죽으셨다.

예수님의 반응이 오늘날 우리를 있게 했다.

오늘 우리의 반응이 우리를 정의한다. 우리의 삶을 결정한다. 오늘 주님이 당신에게 주신 상황에 대해 당신은 어떻게 반응하고 있는가? 우리 모두 올바른 반응을 보일 수 있기를, 하나님의 관점에서 다르게 보고 다르게 반응할 수 있기를 바란다.

|||||||||||||||||||||||
대답 한마디 잘해서 사람이 기쁨을 얻는 일은 얼마든지 있다.
제때에 적절한 말을 한다는 것이 얼마나 귀한 일인가!
잠 15:23, 현대인의성경

지혜를 배우는 나눔 질문

Q1 결정적인 선택의 순간에 나는 어떻게 반응하는가?

Q2 주님이 주신 비전과 부르심이 확실할 때 주저 없이 순종으로 반응할 믿음
이 있는가?

벽돌인가,
돌인가?

—

몇 년 전 가족과 로마로 여행을 갔다. 잘 알려진 바와 같이, 로마에는 볼 것이 참 많다. 그중 나의 관심을 끈 것은 화려한 볼거리가 아니라, 역사적으로 중요한 옛 건축물들과 거의 무너져 내려 이제는 흔적만 남은 유적들이었다. 특히 포룸 로마눔(Forum Romanum)에 눈길이 갔다. 이곳은 고대 로마의 정치와 경제 중심지로, 역사적으로 중요한 장소였을 뿐만 아니라 현재에도 사람들의 발길이 끊이지 않는 유명한 관광지다.

이제 웬만한 건물들은 거의 무너져 내린 그 유적지를 방문했을 때 나는 매우 놀라운 사실 하나를 발견했다. 그저 돌덩이와 부서진 건물의 흔적들 사이에서 아직도 남아 있는 건물들은 모두 돌로 세워진 것들이었다. 벽돌로 지은 건물은 어느 것 하나 남아 있지 않았다! 성경에 나오는 바벨탑 일화가 떠올랐다.

하나님이 왜 바벨탑을 무너뜨리셨는가? 흔히 우리는 인간들의 탐욕과 교만, 그리고 하나님의 심판 때문이라고 생각한다. 하지만 건축가로서 나는 또 하나의 특이한 사실을 발견했다. 그것은 바로 우리에게 "앞으로 어떠한 역경이 닥쳐도 살아남을 수 있는 참된 삶의 탑을 쌓으라"라는 하나님의 교훈을 보여 주시기 위해서라는 것이다. 다시 말해, 하나님은 바벨탑과 로마의 유적을 통해 우리에게 '벽돌'이 될 것이냐, 아니면 '돌'이 될 것이냐를 물으신다.

섬세하신 하나님은 창세기 11장 3절에서 바벨탑에 대해 이렇게 기록하셨다.

> 그들은 서로 말하였다. "자, 벽돌을 빚어서, 단단히 구워 내자." 사람들은 돌 대신에 벽돌을 쓰고, 흙 대신에 역청을 썼다
>
> **창 11:3, 새번역성경**

왜 성경에 사람들이 돌 대신에 벽돌을 쓰고, 흙 대신에 역청을 썼다는 말씀이 쓰여 있을까? 하나님은 벽돌과 돌의 차이가 실로 어마어마하다는 점을 이미 잘 알고 계셨던 것이다.

벽돌은 인간의 힘으로 빚은 것이고, 돌은 하나님이 직접 빚으신 것이다. 인간의 의지로 빚은 벽돌은 오래가지 못한다. 인간의 힘으로 만든 벽돌은 아무리 잘 구워졌다 하더라도 실제로 200-300년을 버티지 못한다. 하지만 하나님이 빚으신 돌은 영원히 남는다. 우리는 우리 삶의 탑을 하나님의 돌로 빚고 쌓아야 한다.

하지만 실제로 우리는 어떠한가? 분주한 세상을 살아가며 자신들의 삶의 탑을 그저 인간이 빚은 벽돌로 빨리빨리 쌓아 올리려 한다. 그리고 난관에 부딪힐 때마다 인간의 방식에서 쉽게 해결책을 찾으려 한다. 물론 인간의 지혜도 많은 장점을 갖고 있다. 하지만 하나님의 돌이 아닌 벽돌로 삶의 탑을 쌓는 격이기에 결코 오래가지 못한다.

나도 심장 이식 수술을 받기 이전까지는 실제로 벽돌로 탑을 쌓는 삶에 매진했다. 돌이켜 보면 당시 나는 내 이름을 세상에 내세우기 위해 온갖 방법을 가리지 않고 목표를 향해 돌진했다. 그 결과, 30살에 이미 회사의 중역이 되었고, 큰 집과 값비싼 자동차도 굴리게 되었다. 부동산으로 여분의 집도 여러 채 가지고 있었다. 하지만 심장에 이상이 생기고, 병원에서 심장 이식 수술을 기다리는 불과 6개월 동안, 일평생 일구어 놓았던 그 많은 것을 모두 잃어버렸다. 내가 인간의 의지로 쌓아 올린 세속의 탑은 일순간 무너져 내렸다.

이 역경을 통해 배운 것은 그동안 내가 하나님의 돌이 아닌 인간의 벽돌로 삶의 탑을 쌓아 왔다는 것이었다. 그리고 이를 계기로 중요한 교훈을 깨달았다. 이제는 아무리 힘들고 시간이 소요되더라도 영원히 남는 돌로 삶의 탑을 쌓아 가리라!

성경에서 돌은 '하나님의 반석'으로 표현되어 있다. 하나님의 반석으로 우리 삶의 탑을 쌓는 것은 하나님의 말씀에 우뚝 서는 것이며, 하나님의 반석으로 쌓은 참된 인생은 어떠한 경우에도 무너지지 않는다.

무엇으로 삶의 탑을 쌓을 것인가? 무너져 내릴 벽돌로 쌓을 것인가, 아니면 역경 속에서도 끝끝내 우리 삶을 지켜 낼 돌로 쌓을 것인가?

지혜는 말한다. 성경은 말한다. 말씀은 말한다.

||||||||||||||||||||||||||

집은 지혜로 말미암아 건축되고
명철로 말미암아 견고하게 되며 잠 24:3

48

지혜를 배우는 나눔 질문

Q1 조용히 내 삶을 들여다보자. 나는 왜 열심히 사는가?

Q2 나는 영원한 반석 위에 가정, 일, 관계의 집을 짓고 있는가? 빨리 짓기 위해 손쉬운 벽돌을 사용하고 있지는 않은가?

어메이징
그레이스

—

살다 보면 누군가로부터 놀림을 받곤 한다. 특히 우리가 고통받고, 상처받고, 굶주리고, 춥고, 갈 곳이 없는 어려운 상황에 놓이면 반드시 누군가는 우리를 조롱하기 마련이다.

　이제껏 살아오면서, 나도 많은 사람으로부터 조롱당했다. 나는 오륙도가 보이는 부산 용호동 한센병 환자촌에서 태어나 미국에 건너온 13살까지 그곳에서 살았다. 아버지가 한센병 환자촌에서 목회를 하셨기 때문이다. 내가 초등학생이던 무렵, 집 근

처에는 가까운 초등학교가 없었다. 학교에 가기 위해서는 매일 버스 정류장까지 30분을 걸어가야 했고, 버스를 타고 20여 분을 이동해야 했다. 어린 내게 집에서 학교까지 매일 2시간씩 통학하는 것은 결코 쉬운 일이 아니었다.

특히 그중에서도 가장 고통스러웠던 것은 매일 30분씩 걸어 다녀야 했던 통학 길이었다. 학교를 가기 위해서는 반드시 조그마한 마을을 지나야 했는데, 나와 형님이 지나가면 그 동네 꼬마들이 몰려나와 "문둥이 두목들이 온다!" 하고 소리 지르며 다른 동네 아이들까지 불러 우리를 조롱했다. 심지어 우리에게 사정없이 돌을 던지기도 했다. 그 아이들이 던진 돌에 맞아 머리에 피를 흘린 적도 많았다.

어린 나이에 그 상황이 어찌나 싫었던지, 아버지로부터 우리 가족이 미국에 갈 것이라는 말씀을 처음 들었을 때 '아, 미국에 가면 이제 아이들의 조롱을 피할 수 있겠구나' 하는 생각에 마냥 들떴다.

하지만 미국에 도착하자 예상치 못했던 또 다른 조롱이 나를 따라왔다. 그것은 바로 현지 아이들의 인종차별이었다. 나는 학교에서 유일한 동양인이자 영어를 제대로 구사하지 못했기 때문에 아이들의 끊임없는 놀림감이 되었다. 당시 사춘기 소년이던 내게 그것은 또 다른 형태의 돌팔매질이나 다름없었다.

예수님은 고통당하셨다. 나와 형님처럼 조롱당하셨고, 채찍에 맞으셨고, 침 뱉음을 당하셨다. 그 멸시와 조롱을, 사탄에게 조롱당하는 우리 대신 온몸으로 감내하셨다. 그리고 우리에게 생명을 주시기 위해, 영원한 삶을 주시기 위해 자기 생명을 희생하셨다. 그리고 마침내 이기셨다.

어느 주일 아침, 한 목사님이 낡고 텅 빈 새장을 들고 교회로 왔다. 그는 새장을 단상 옆에 두고 빈 새장에 얽힌 사연을 다음과 같이 밝혔다.

목사님이 마을을 지날 때 한 소년이 새장을 흔들거리며 다가왔다. 새장 속에는 작은 야생 새 3마리가 추위와 공포에 떨고 있었다. 그는 소년을 멈춰 세운 후 "얘야, 그것들이 다 뭐니?" 하고 물었다. 소년은 "그저 늙은 새들이에요"라고 답했다. 목사님은 "너, 저 새들로 무얼 하려고 그러니?" 하고 되물었다. 소년은 "집에 데려가서 가지고 놀려고요. 새들의 깃털을 뽑고 겁을 주며 놀려 먹을 거예요. 그럼 정말 재미있겠지요?"라고 답했다.

"하지만 너는 이 새들을 가지고 노는 게 금세 지루해질 텐데. 그러고 나면 뭘 할 거니?"

"아, 제게 고양이들이 몇 마리 있는데, 걔들이 새를 좋아하니까 먹어 치우게 하면 돼요."

잠시 침묵이 흐른 후 목사님은 "애야, 내가 얼마를 주면 그 새들을 내게 주겠니?" 하고 물었다. 소년은 "뭐라고요? 목사님, 왜 이 새들을 사려고 하세요? 그냥 늙은 야생 새들일 뿐이에요. 얘들은 노래도 못하고, 게다가 예쁘지도 않은 걸요"라고 답했다. 하지만 목사님은 다시 물었다.

"얼마를 주면 되겠니?"

그러자 소년은 한심하다는 듯 목사님을 쳐다보며 "10달러요"하고 답했다. 목사님은 주머니를 뒤져 10달러짜리 지폐를 꺼내 소년에게 건네주었다. 소년은 돈을 움켜쥐고는 득달같이 사라졌다. 목사님은 조용히 새장 문을 열어 두려움에 떨고 있는 새들을 허공으로 자유롭게 날려 보냈다.

이제 목사님은 본격적인 설교를 시작했다.

── 어느 날, 예수님과 사탄이 대화를 하고 있었습니다. 사탄은 에덴동산에서 갓 벗어나 잘난 척 뽐내며 말했습니다.

"예수님, 제가 저 아래에 많은 사람이 사는 것을 보았습니다. 제가 덫을 놓고 미끼로 유혹하면 그들이 저항하지 못할 것입니다. 그때 그들을 사로잡을 거예요."

예수님은 "그 사람들을 데리고 뭘 하려는 건가?" 하고 물으셨습니다. 사탄은 "아, 재미 삼아 놀려 줄 겁니다. 그들에게 어떻게 결혼하고 이혼하는지, 어떻게 서로를 미워하고 학대하는지, 어떻게 술 마시고, 담배 피우며, 욕하는지를 가르칠 거예요. 그리고 그들에게 총과 폭탄을 발명해서 서로를 죽이도록 가르치면 정말 재미있을 겁니다"라고 답했습니다. 그 말을 들으신 예수님이 물으셨습니다.

"그러고 나면 그들을 데리고 뭘 할 건가?"

"다 죽여 없애야지요."

사탄은 이렇게 말하며 이글거리는 눈빛으로 예수님을 노려보았습니다. 예수님은 "내가 얼마를 주면 그들을 놓아 줄 터인가?" 하고 물으셨습니다. 사탄이 답했습니다.

"예수님, 지금 무슨 말씀을 하시는 거예요. 당신은 그들을 거두실 필요가 없어요. 그들은 결코 거둘 만한 가치가 없는 이들이에요. 그들은 당신을 미워하고 저주할 텐데 왜 그들을 챙기려고 하십니까? 그들은 당신에게 침을 뱉고, 욕하고, 심지어 당신을 죽이려 들 겁니다."

하지만 예수님은 조용히 되물으셨습니다.

"얼마면 되겠나?"

그러자 사탄은 예수님을 쳐다보며 비웃듯 답했습니다.

"당신이 그들을 구하고 싶다면 내게 당신의 피와 눈물, 생명, 그 모든 것을 주십시오."

그러자 예수님은 "알겠네"라고 답하셨고, 기꺼이 자신의 생명을 바쳐 인류를 구원하는 값을 치르셨습니다.

우리는 바로 새장 속에 갇혀 조롱당하는 새들과 같은 존재다. 한 소년이 그저 재미 삼아 새들을 괴롭히려 들 때 목사님은 새들을 10달러에 사서 풀어 주었다. 마찬가지로, 우리는 사탄의 괴롭힘에 노출된 나약하기 짝이 없는 자들이었다. 하지만 예수님이 자기 생명을 바쳐 우리를 사탄으로부터 구해 고통에서 벗어나 자유롭게 하셨다.

주님이 사탄의 조롱을 당하던 우리를 구원하셨음을 기억하라. 그것이 바로 우리가 받은 놀라운 은혜(amazing grace)다.

한 비교 종교학 콘퍼런스에서 기독교의 독특성에 대한 활발한 토론을 벌였다. 한 그리스도인이 기독교가 다른 종교와 다른 점은 성육신, 즉 하나님이 인간이신 예수님으로 오셨다는 점이라고 말했다. 그러자 어떤 사람이 재빨리 다른 종교에도 '신(神)인간'이 나타난다고 반박했다. 이번에는 또 다른 그리스도인이 '부활'이라고 말했다. 죽음이 마지막이 아니라는 믿음과 예수님의 빈 무덤이 기독교의 다른 점이라고 말했다. 그러자 어떤 사람이 고개를 저었다. 다른 종교에도 윤회를 비롯한 비슷한 믿음이 있다고 지적했다.

그때 C. S. 루이스(Clive Staples Lewis)가 이들의 토론을 듣게 되었다. 그는 격렬한 토론으로 번져 가는 대화를 들으며 앉아 있었다. 마침내 잠시 대화가 중단되자 그가 얼른 말했다.

"왜 이런 소동이 났나요?"

"우리는 지금 기독교가 왜 독특한지에 대해 토론 중입니다"라고 어떤 사람이 말해 주자 루이스가 대답했다.

"그건 아주 간단하죠. 바로 은혜입니다."

그의 말에 토론장은 조용해졌다. 루이스는 다른 어떤 종교도 은혜를 말하지 않는다는 점을 일깨우며, 하나님의 사랑은 대가 없이 주어지며 어떠한 조건도 필요 없다는 독특성을 설명했다. 사람들은 고개를 끄덕이며 동의했다.

불교신자들은 깨우침을 얻기 위해 '팔정도'를 따라야 한다. 힌두교도들은 인간의 행동이 세상에서 그가 대우받는 방식에 계속적으로 영향을 미친다는 '카르마' 사상을 믿는다. 유대교는 신이 인간을 용납하기 위한 요건이 있다고 믿는다. 이슬람의 신은 심판의 신이요, 사랑의 신이 아니다. 무슬림은 신의 요구를 들어주기 위해 살아간다.

오직 기독교만이 '용감하게도' 신의 사랑을 '무조건적'이라고 주장한다. 그 무조건적인 사랑이 바로 은혜다. 그리스도인들은 은혜는 인간과는 관계가 없다고 말한다. 우리 내면의 결단이 있거나 없거나 상관없다. 은혜는 오직 하나님께 속해 있으며, 하나님은 인간에게 대가 없이 용서와 긍휼과 사랑의 선물을 베푸신다고 믿는다. 이에 대해 필립 얀시(Philip Yancey)는 이렇게 말했다.

—— 하나님이 우리를 더 많이 사랑하시도록 할 수 있는 방법은 없다.
그리고 그분이 우리를 조금 덜 사랑하시도록 할 방법도 없다.

놀라운 하나님의 은혜, '어메이징 그레이스'다!
어메이징 그레이스는 겸손으로 마음을 낮출 때 우리의 삶에서 나타난다.

||||||||||||||||||||||||||||
겸손한 자와 함께하여 마음을 낮추는 것이
교만한 자와 함께하여 탈취물을 나누는 것보다 나으니라 잠 16:19

지혜를 배우는 나눔 질문

Q1 내가 하나님의 은혜가 아니면 살 수 없는 존재라는 것을 인정하는가? 그렇다면 그 이유를 나누어 보라.

Q2 정말 놀라운 하나님의 은혜를 체험한 적이 있는가? 그때의 경험을 서로 나누라.

사명은 계속된다.
지금 이 순간에도!

—

우리는 사명(mission)을 위해 지어졌다. 사명은 돕는 사명, 다가가
는 사명, 성취하는 사명, 구원하는 사명 등 다양한 모습으로 나
타난다.

8살 때 나는 형님과 함께 종이배를 만들었다. 그때 우리는
대부분이 농지인, 몇 가구 되지 않는 시골에서 살았다. 작은 연
못이 있었는데, 깊고 속이 들여다보이지 않을 정도로 더러웠다.
형님과 나는 우리가 접은 종이배를 가지고 연못에 갔다. 가는 길

에 개미 몇 마리를 잡아 종이배에 태웠다. 연못에 도착하자 조심스럽게 배를 연못에 띄웠다. 부드러운 바람 덕분에 종이배는 연못 가운데까지 밀려갔다.

나는 종이배를 더 가까이 보려고 돌 위에 서려고 했다. 그런데 그만 돌들을 덮고 있던 조류에 미끄러져 연못에 빠지고 말았다! 순식간이었다. 나는 아직도 그때 울었던 기억이 난다. "엄마!" 하고 소리칠 때마다 물을 마셨다.

당시 연못에 빠진 나에게 주어진 사명은 '기다리는 것'이었다. '아무것도 하지 않는 것'이었다. 수영을 할 줄 몰랐기 때문에 나는 어떤 노력도 하지 않았다. 형님 역시 수영을 할 줄 몰랐다. 조금 지나자 내 몸이 수직으로 떠올랐고, 형님이 연못 가장자리에서 울고 있는 모습이 보였다. 나는 다시 빠졌다. 몸이 다시 떠올랐다. 형님이 또 보였다. 그러고 나서 다시 물속에 가라앉았고, 완전히 잠겼다….

그때였다. 멀리서 한 농부 아저씨가 형님이 우는 소리를 듣고 연못으로 달려왔다. 그리고 내가 물에 빠졌다는 사실을 깨닫고 뛰어들었다. 아저씨는 연못 물이 너무 더러워 아무것도 볼 수 없었기 때문에 나를 찾기 위해 손과 발을 마구 휘둘렀다. 잠시 후 숨을 고르기 위해 물 밖으로 나갔고, 다시 물에 뛰어들었다. 세 번째로 물에 뛰어들었을 때 아저씨는 시간이 너무 오래 지났음을 깨달았다. 그래서 포기하고 다시 헤엄쳐 연못 밖으로 나오기 시작했다. 제방 쪽으로 천천히 헤엄을 칠 때쯤 아저씨의 발이 내 몸을 쳤다! 그렇게 나는 구조되었다.

나는 아직도 그때의 내 배를 기억한다. 마치 만삭 된 여인의 배 같았다. 아저씨가 내게 말했다.

"헤엄쳐서 나올 수 있을 만큼 컸는데 도대체 헤엄 안 치고 뭐 했니?"

나는 이렇게 대답했다.

"기다렸어요. 누군가 와서 저를 구해 주기를 기다렸어요."

당시 형님과 나는 오랜 세월 동안 많은 아이가 연못에 빠져 죽었다는 소식을 들어 왔다. 주위에 어른 없이 연못에서 놀던 아이들은 모두 죽었다. 나만 홀로 살아남았다. 아저씨는 질문하기 시작했다.

"왜 이 아이는 살았는데, 과거의 다른 아이들은 모두 죽었지?"

그리고 아저씨는 우리 아버지가 목사님이고, 우리가 신앙인이라는 사실을 알게 되었다. 그 후 아저씨는 교회에 나오기 시작했다. 하나님이 나를 통해 한 영혼을 구하셨다.

하나님이 나를 통해 영혼을 구원하시는 사명은 지금도 계속되고 있다. 왜냐하면 하나님이 그 사명을 위해 나를 지으셨기 때문이다. 하나님은 이 세상에서 일하고 계시며, 우리가 하나님의 일에 동참하기를 원하신다. 우리 삶의 목적은 사명을 성취하는 것이다. 우리에게 이보다 더 큰 목표는 없다.

> 내가 교회의 일꾼 된 것은 하나님이 너희를 위하여 내게 주신 직분을 따라 하나님의 말씀을 이루려 함이니라 골 1:25

하나님을 섬기는 당신 삶의 사명은 무엇인가? 스스로에게 물어보라.

당신은 사명 없이도 살 수 있다.

당신은 사명 없이도 가족을 사랑할 수 있다.

당신은 사명 없이도 교회를 사랑할 수 있다.

당신은 사명 없이도 당신의 일과 돈을 사랑할 수 있다.

당신은 사명 없이도 하나님을 사랑할 수 있다.

그러나 오늘 나는 당신에게 사명 갖기를 권한다.

사명은 목표가 아니다.

사명은 꿈이 아니다.

사명은 기대가 아니다.

사명은 당신이 지금 하고 있는 일이다.

우리의 사명 선언문(Mission Statement)은 다음과 같다.

"이웃을 섬기기 위해
우리의 삶을 그리스도 안에서 변화시킨다."

이것은 좌우명이나 청사진이 아니다. 우리가 지금 하고 있는 일에 대한 사명 선언문이다. 예수님께는 사명이 있었다. 예수님의 사역은 가나 혼인 잔치에서 물을 포도주로 바꾸신 날까지 시작되지 않았다. 그러나 예수님은 12살 때 이미 자신의 사명을 명확히 아셨다.

> 그의 부모가 보고 놀라며 그의 어머니는 이르되 아이야 어찌하여 우리에게 이렇게 하였느냐 보라 네 아버지와 내가 근심하여 너를 찾았노라 예수께서 이르시되 어찌하여 나를 찾으셨나이까 내가 내 아버지 집에 있어야 될 줄을 알지 못하셨나이까 하시니 그 부모가 그가 하신 말씀을 깨닫지 못하더라 눅 2:48-50

여기서 예수님이 말씀하신 '아버지의 집'이란 예수님의 사명을 말한다. 그리고 21년 후 예수께서는 이렇게 말씀하셨다.

다 이루었다 요 19:30

이제 이 땅에서 예수님의 사명은 우리의 사명이 되었다. 당신의 사명이고, 나의 사명이다. 그 사명은 사람들을 하나님께로 인도하는 것이다. 나는 익사당할 뻔했을 때 한 사람을 하나님께 인도했다. 사명이 수행되었고, 성취되었다. 모르고 한 일이었지만 결정적인 순간이었다. 예수님의 부모님이 예수께서 하신 말씀을 이해하지 못했던 것처럼, 나 역시 사명이 실행된지 미처 알지 못했다.

우리는 우리의 삶을 통해 사명을 이룸으로써 하나님께 영광을 돌려야 한다. 우리의 사명은 계속될 것이다. 당신도 참여하는 것이 어떠한가?

교회학교 교사인 에드워드 킴볼(Edward Kimball)은 1858년에 보스턴의 한 구두 판매원을 주님께로 인도했다. 그 구두 판매원은 드와이트 무디(Dwight L. Moody)였다. 무디는 전도사가 되어 1879년 영국에 있는 한 작은 교회의 목사였던 프레드릭 마이어(Frederick B. Meyer)의 복음을 향한 열정을 일깨웠다. 마이어는 미국 대학 캠퍼스에서 복음을 전했는데, 윌버 채프먼(J. Wilbur Chapman)이라는 학생을 주님께로 인도했다.

YMCA에서 일하던 채프먼은 전직 야구 선수였던 빌리 선데이(Billy Sunday)를 전도하는 일에 고용했다. 선데이는 샬롯크리스천스쿨에서 부흥회를 인도했다. 지역의 젊은이들이 큰 은혜를 받았고, 모르데카이 햄(Mordecai Hamm)을 초청해 복음을 전하는 또 다른 캠페인을 열고자 계획했다. 이 부흥회에서 빌리 그레이엄(Billy Graham)이라는 청년이 복음을 듣고 그리스도께 자신의 삶을 바쳤다.

당신의 사명은 놀라운 특권이요, 믿기 힘들 만큼 영광스러운 일이다. 만약 직장에서 사람들이 우리에게 어떤 일을 맡기면서 "이제 당신을 책임자로 세우고 이 업무를 일임합니다"라고 말한다면, 그것은 영광이고 특권이다. 하나님의 사명도 마찬가지다. 우리는 하나님의 사명을 특권과 영광으로 받아야 한다.

우리의 사명은 영원한 중요성(eternal significance)을 갖는다. 사명은 다른 어떤 일이나 업적 혹은 목표보다 중요하다. 만약 하나님이 주신 이 땅에서의 사명을 실행하는 데 실패한다면 하나님이 우리에게 주신 삶을 낭비하는 것이 되고 만다. 바울은 이렇게 고백했다.

내가 달려갈 길과 주 예수께 받은 사명 곧 하나님의 은혜의 복
음을 증언하는 일을 마치려 함에는 나의 생명조차 조금도 귀한
것으로 여기지 아니하노라행 20:24

그렇다면 우리는 무엇을 해야 하는가? 희생해야 한다. 마음
을 변화시켜야 한다. 믿음의 삶을 살고자 하는 열정을 불태워야
한다. 자신의 목표를 버리고 우리의 삶에 대한 하나님의 목표를
받아들여야 한다. 우리는 예수님처럼 "나의 원대로 마시옵고 아
버지의 원대로 하옵소서"(마 26:39)라고 말해야 한다. 그렇게 말할
수 있는가? 지금 말해 보라.

그러기 위해서 우리는 우리의 권리, 기대, 꿈, 계획, 야망을
모두 주님께 내려놓아야 한다. "하나님, 제가 하려는 일을 축복해
주세요"와 같은 이기적인 기도를 멈춰야 한다. 대신 "하나님이 축
복하시는 일을 할 수 있도록 도와주세요"라고 기도해야 한다.

종이 한 장을 하나님께 드려라. 그리고 맨 아래에 사인을 하
고 하나님이 세부 사항을 적으시도록 요청하라.

어떤 대가를 치르든 삶을 통해 하나님의 사명을 실행하기로
헌신한다면, 소수의 사람들만이 경험한 하나님의 축복을 누리게
될 것이다. 하나님 나라를 섬기기로 헌신한 이들에게 하나님이
하시지 않을 일은 아무것도 없다. 예수님의 약속을 기억하라.

그런즉 너희는 먼저 그의 나라와 그의 의를 구하라 그리하면
이 모든 것을 너희에게 더하시리라 마 6:33

예수님은 우리가 주를 위해 살며, 그분의 사명을 최우선 순위에 두는 한 우리에게 필요한 모든 것을 매일매일 주겠다고 약속하셨다. 사명을 당신 삶의 '포커스'로 삼을 것을 권면한다. 당신은 하나님이 관심을 두시는 것에 관심을 두어야 한다. 하나님은 당신을 통해 잃어버린 영혼들을 찾기 원하신다.

연못에 빠진 나를 건지셔서 사명을 주신 것처럼,

구두 판매원 드와이트 무디를 구원하시고 전도자로 쓰신 것처럼,

빌리 그레이엄을 구원하시고 세계적인 복음 전도자로 사용하신 것처럼!

|||||||||||||||||||||||

사람의 마음에는 많은 계획이 있어도
오직 여호와의 뜻만이 완전히 서리라 잠 19:21

지혜를 배우는 나눔 질문

Q1 "이웃을 섬기기 위해 우리의 삶을 그리스도 안에서 변화시킨다"라는 사명 선언문을 마음에 받아들일 준비가 되었는가?

Q2 당신의 사명의 포커스는 내가 하고 싶은 일이 아닌 하나님이 하고 싶어 하시는 일에 맞추어져 있는가?

반대에
부딪힐 때

테네시주의 한 시골 마을에 살았던 9살 소년에 대한 이야기다.

소년은 교회에 처음 나간 날, 헌금 봉헌 순서가 되자 무엇을 해야 하는지 잘 몰랐다. 그러다 사람들이 예수님께 돈을 드리고 있음을 깨달았다. 그러나 소년에게는 드릴 것이 아무것도 없었다. 헌금함이 그가 앉아 있는 줄로 오자 소년의 마음은 찢어졌다. 소년은 헌금함을 꼭 잡고 있다가 손을 놓고는 헌금함이 도는 모습을 지켜보았다.

그러다 한 가지 생각이 떠올랐다. 헌금 위원에게 가서 한 번 더 헌금함을 만져 볼 수 있는지 물었다. 헌금 위원의 허락을 받은 소년은 헌금함을 가져와 바닥에 놓고는 헌금함 중앙에 올라서서 말했다.

"예수님, 저는 오늘 주님께 드릴 것이 아무것도 없어요. 그렇지만 저를 주님께 드릴게요."

당신의 삶에도 "저를 주님께 드립니다"라는 고백의 순간이 있었는가? 나를 주님께 드리는 삶이란 과연 무엇인가? 그것은 바로 '말씀 앞에 순종하는 삶'이다.

그런데 알다시피, 순종에는 무수한 반대가 따른다. 반대를 만나게 되면 우리의 고백은 종종 원점으로 돌아가곤 한다. 뉴턴의 물리학 법칙 중 하나는 '작용과 반작용의 법칙'이다. A물체가 B물체에게 힘을 가하면(작용) B물체 역시 A물체에게 똑같은 크기의 힘을 가한다는 법칙이다(반작용). 반작용을 이겨 내야 우리가 원하는 방향으로 나아갈 수 있다.

우리가 하나님께 순종해 선한 일을 하고자 할 때 우리의 마음속에는 반대의 힘, 즉 반작용이 존재한다. 우리의 믿음에 대한 반대는 종종 부정적인 영으로 인한 것이다. 그것은 바로 유혹이고, 거짓말이며, 우리 귀에 "넌 그럴 만한 자격이 없어" 하고 속삭이는 마귀다. 불순종하는 사람들은 단지 어떤 일이 하기 싫어서 불순종하는 것은 아니다. 순종하고자 하는 행동에 대한 반대가 매우 크기 때문에 불순종하게 되는 것이다. 반대를 이길 수있는 유일한 방법은 '성령의 충만함을 받는 것'이다.

나는 병원 시설 확장을 위한 디자인을 많이 해 왔다. 병원은 지역 사회의 필요에 대응하기 위해 노력한다. 그래서 병상 수를 늘리겠다고 발표하고 공청회를 연다. 그럴 때마다 반대하는 이들이 모이는데, 300-400명씩 모이는 경우도 보았다. 반대의 이유는 병원 확장이 교통량을 증가시킬 것이고, 주차 문제가 주민들이 사는 동네에까지 영향을 미치게 될 것이라는 생각 때문이다. 밤에 주차하려는 자동차 불빛에 시달리고 싶지 않다는 심리에서 비롯된 것이다. 평화로운 일상을 원하는 이들의 매우 당연한 심리다.

하지만 이런 심리를 전혀 헤아리지 못하는 병원의 행정 담당자들은 그저 "병원은 지역 사회의 요구에 대처하는 것뿐입니다"라는 말만 되풀이하곤 한다. 반대의 입장을 고수하려는 양쪽의 거리는 전혀 좁혀지지 않는다.

초대교회도 반대에 부딪혔다. 스데반이 복음을 전하자 바리새인들과 각 지역에서 몰려든 사람들 사이에 큰 논쟁이 생겼다.

스데반은 그 엄청난 무리의 반대를 이겨 냈다. 그 결과 교회는 더욱 성장하고 많은 사람이 하나님께로 돌아왔다. 이처럼 우리가 늘 인생의 장애물로 생각하는 반대는 오히려 성장으로 나아가는 통로가 된다. 그런데 이에 대한 성경의 기록은 아주 단순하다.

> 스데반이 지혜와 성령으로 말함을 그들이 능히 당하지 못하여
> 행 6:10

'성령님의 도우심'이 스데반이 강력한 반대를 이겨 낸 방법이었다. 성령님의 도우심만이 모든 반대를 이겨 낼 수 있는 전략이다.

그런데 이번에는 사탄이 스데반을 물고 늘어졌다. 만약 사탄이 당신을 공격함으로 당신을 망가뜨릴 수 없다면 반대라는 무기를 이용해 당신을 분열시킬 방법을 찾을 것이다. 사탄은 사람들을 요동해 스데반의 눈앞에서 스데반이 모세와 하나님을 대적하여 말했다고 거짓 증언하게 했다. 그러나 성령님과 함께했던 스데반은 그들처럼 동요하지 않았다. 오히려 점점 더 큰 평안으로 들어갔다.

공회 중에 앉은 사람들이 다 스데반을 주목하여 보니 그 얼굴

이 천사의 얼굴과 같더라 행 6:15

사람들은 스데반에게서 천사의 얼굴을 보았다. 이는 곧 스데반의 얼굴에서 주께 완전히 순종한 사람의 기이한 아름다움, 진리를 선포하는 결연한 의지를 띤 얼굴을 보았다는 뜻이다. 군중은 스데반의 얼굴에서 오직 '하나님이 이 일을 어떻게 보실까?'만 생각하는 이의 표정을 보았고, 그리스도의 영광이 충만한 광경을 목격했다. 즉 성령으로 충만한 얼굴을 보았던 것이다.

앞의 예화에서 소년은 헌금함 중앙에 올라서서 하나님께 자신을 드리며 "저를 주님께 드릴게요"라고 말했다. 소년은 성령으로 충만했다. 우리 예수님은 십자가에서 성령과 영광으로 충만해 이렇게 말씀하셨다.

"당신께 나를 드립니다"(눅 23:46 참조).

성령님만이 세상의 반대를 이기고 주님께 나아가도록 우리를 도우실 수 있다. 성령 충만만이 반대에 부딪혔을 때 이겨 나갈 수 있는 힘이다.

반대에 부딪혀 고민되는 문제가 있는가?

성령으로 충만하라.

반대로 인해 좌절한 상태인가?

성령으로 충만하라.

하나님은 구하는 자에게 성령을 충만하게 허락해 주신다.

반대를 이기는 길은 말씀을 따르는 길이다.

말씀을 따르는 길은 희생의 길이다.

희생의 선택은 승리의 길이다. 즉 부활의 길이다.

ΙΙΙΙΙΙΙΙΙΙΙΙΙΙΙΙΙΙΙΙΙΙΙ

지혜롭게 말씀을 따라 사는 사람이

좋은 것을 얻을 것이며

여호와를 신뢰하는 사람이 복을 받을 것이다 잠 16:20, 현대인의성경

지혜를 배우는 나눔 질문

Q1 하나님께 순종해 선한 일을 하려 할 때 반대에 부딪힌 적이 있는가? 그 반대를 하나님의 도우심으로 극복한 경험이 있다면 나누어 보자.

Q2 늘 성령 충만을 구하는 삶을 살고 있는가? 성령 충만하면 어떤 두려운 일에도 평안할 수 있다는 사실을 경험으로 알고 있는가?

페이버를
구하라

하루는 어떤 사람이 찾아왔다. 그는 꽤 괜찮은 사람이다. 하지만 나는 그의 삶에서 뭔가 빠진 것 같은 느낌이 항상 들었다. 그는 정말 정직하고, 하나님을 사랑하며, 겸손한 사람이다. 가정적이어서 모든 여자가 결혼하기 원하는 스타일이다. 또한 그는 '예스맨'이다. 어떤 것을 시작하지도, 심각하게 받아들이지도 않지만 괜찮은 사람이다.

나는 오랫동안 그를 만나지 못했고, 사실 그렇게 가까운 사이도 아니었다. 그러던 어느 날 그가 전화를 걸어와 약속을 잡은 것이다.

약속 당일, 그는 30분이나 늦었다. 그저 로비에 앉아 나를 기다리며 30분을 보냈다고 했다. 왜 전화하지 않았는지, 왜 내 사무실을 찾지 않았는지 물어보자 그는 내가 나타날 것이라고 생각했다고 대답했다. 이번에는 왜 나를 만나고 싶어 하는지 물었다.

"저는 여러 회사에서 근무하면서 잘해 왔다고 생각했는데, 최근 무언가를 놓치고 있다는 느낌이 들었습니다. 직장에서 저 자신이 아무것도 아닌 듯 느껴지고, 진지하게 받아들여지지 않는 것 같습니다. 무엇이 문제인지 몰라 찾아왔습니다."

나는 사람들이 내게 찾아와 질문을 하기 시작하면, 언제나 질문을 듣는 내내 "질문이 끝나기 전에 제게 알맞은 대답을 가르쳐 주세요"라고 하나님께 기도한다. 그날도 그랬다. 그가 질문을 마쳤다. 나는 이렇게 물었다.

"회사 미팅 시간에 늦지 않고 정시에 참석하나요?"

그는 왜 그런 불편한 질문을 하는지 모르겠다는 표정을 지으며 나를 쳐다보았다. 그러고는 대답했다.

"꽤 그런 편이에요."

나는 문제가 어디에 있는지 즉시 대답했다.

"바로 그것입니다."

그는 당황하면서 물었다.

"네? 뭐가요?"

나는 이렇게 설명했다.

"만약 당신이 정시에 참석한다면 당신은 늦은 것입니다. 정시에 참석하기 위해서 당신은 5분 일찍 가야 합니다. 10분 일찍 가면 더 좋습니다. 당신은 미팅에 5분 일찍 참석함으로써 다음과 같은 태도를 나타낼 수 있습니다. '나는 준비되었다. 나는 이 미팅에 관심이 있다. 나는 이 미팅을 진지하게 생각한다.' 당신은 1년 동안 적어도 300회 이상의 미팅을 합니다. 그 영향력을 생각해 보십시오."

그는 "아, 알겠어요. 저는 언제나 서둘렀습니다. 항상 늦었어요. 일을 완료하기만 하면 된다고 생각했어요"라고 답했고, 나는 그러한 자세는 교회 생활, 개인 생활, 관계, 가정 등 우리 삶의 모든 면에 적용된다고 조언해 주었다.

다른 사람에 대한 무언의 태도는 당신이 페이버(favor, 호의, 은혜)를 받을 것인지, 아닌지를 결정할 것이다. 정말 많은 사람이 자격이 중요하다고 생각한다. 그렇다. 자격은 문까지 가는 데 필요하다. 하지만 자격으로 받아들여지는 것은 아니다.

단지 당신이 하나님을 사랑한다고 해서, 당신이 예스맨이고 순종적인 사람이라고 해서, 당신이 좋은 사람이고 하나님을 믿으며 교회 모임과 봉사의 자리에 참여한다고 해서 하나님이 당신에게 페이버를 베푸시는 것이 아니다.

당신은 대부분의 사람들이 인생에서 성공하고 싶을 때 무엇을 하는지 안다. 그들은 다른 사람들을 비난한다. 차별을 탓한다. 환경을 탓한다. 하지만 그들은 정작 주목해야 할 자신의 자세와 행동과 동기에 대해서는 고려하지 않는다. 그들은 하나님이 어떻게 페이버를 주시는지를 보려고 하지 않는다.

우리는 서로에게 "God bless you!"라고 인사한다. 이 인사말은 한마디로, 하나님의 페이버를 받으라는 뜻이다. 하나님의 축복을 받기 위해서는 2단계가 필요하다.

첫째, 당신은 십자가로 달려가야 한다. 이것은 구원의 축복이다. 이것은 조건 없이 주어지는 선물이다.

둘째, 하나님의 페이버를 받아야 한다. 이 축복은 구원의 축복 너머에 있다. 페이버는 하나님이 보시기에 좋을 때 오는 조건적인 선물이다. 복된 삶은 당신이 페이버를 받을 때 온다. 하나님의 페이버를 받으면 당신은 축복을 얻는다.

당신은 언제 하나님의 페이버를 받는가?
하나님이 당신을 기뻐하실 때,
하나님이 당신이 하는 일을 좋아하실 때,
하나님이 당신에게 만족하실 때,
하나님이 당신이 행동하는 방식을 좋아하실 때다.

그렇다면 당신은 언제 하나님의 페이버를 받지 못하는가?
하나님이 싫어하시는 것을 할 때다.
교만한 눈,
거짓된 혀,
무죄한 자의 피를 흘리는 손,

악한 계교를 꾀하는 마음,

빨리 악으로 달려가는 발,

거짓을 말하는 망령된 증인과 및 형제 사이를 이간하는 것
(잠 6:16-19).

그렇다면 당신이 지금 페이버를 얻기 위해 해야 하는 일은
무엇인가?

질문에 답하기에 앞서 내 이야기를 잠시 하겠다. 당신은 병
원 침대에 누워 죽음의 그림자 가운데서 심장 이식 수술을 기다
리며 '무엇을 해야 할까?'를 생각하는 자신을 상상할 수 있는가?
나는 수술 중에 내가 죽을 수도 있다고 생각했다.

'수술이 잘된다면 얼마나 살 수 있을까? 6개월? 5년? 나는 주
어진 시간 동안 무엇을 해야 하는가?'

어느 날 하나님은 페이버를 구하는 방법을 찾도록 나를 도우
셨다. 심장 이식 수술 후에 어려움에 처한 사람들을 돕는 거룩한
사업을 하는 회사를 시작하고자 하는 강력한 열망이 생겼다. 나
는 준비가 되었다. 하나님이 나와 함께하심을 알았고, 성령님을
느꼈다.

성령님이 임재해 이렇게 말씀하셨다.

"그거야!"(That's it!)

성령님이 역사해 이렇게 말씀하셨다.

"그걸 해!"(Let's do this!)

성령님이 능력으로 임해 이렇게 말씀하셨다.

"머뭇거리지 말고 지금 시작해"(Come on! What are you waiting for?)

페이버를 구하라.

구하는 자에게 하나님이 풍성히 채워 주실 것이다.

머뭇거리지 말고 지금 시작하라!

‖‖‖‖‖‖‖‖‖‖‖‖‖‖‖‖‖‖‖‖‖

그리하면 네가 하나님과 사람 앞에서
은총과 귀중히 여김을 받으리라 잠 3:4

지혜를 배우는 나눔 질문

Q1 '나는 왜 복이 없을까?', '하나님은 왜 나를 외면하실까?'라고 생각한 적이
있는가? 그 이유가 무엇이라고 생각하는가?

Q2 나는 하나님의 페이버를 얻을 만큼 하나님이 기뻐하시는 일을 하고 있는가?

성령님의 다스리심 가운데
자신을 두라

한 교회학교 교사가 중등부 아이들이 성령님에 대해 알고 있는지 확인하고자 조사를 했다. 가장 먼저 "성부 하나님을 믿는 사람은 손을 들어 보세요"라고 말했다. 많은 아이가 손을 들었다. 이번에는 "성자 예수님을 믿는 사람은 손을 들어 보세요"라고 이야기했다. 역시 많은 아이가 손을 들었다. 마지막으로, "성령 하나님을 믿는 사람은 손을 들어 보세요"라고 했다. 그러자 아무도 손을 들지 않았다. 그때 한 아이가 이렇게 말했다.

"선생님, 오늘 성령 하나님을 믿는 친구가 안 왔나 봐요."

아이들은 성령님에 대해 전혀 모르고 있었다.

많은 사람이 하나님을 알고, 예수님을 알지만, 성령님은 잘 모른다. 심지어 기도할 때조차 성령님의 도우심을 느끼지 못한다. 성령님은 우리가 예수님이 가신 길을 따라갈 수 있도록 도와주기 위해 오신 하나님의 영이시다. 그러므로 성령님의 통제 안에 있어야 비로소 우리가 하나님 안에, 예수님 안에 있게 된다. 하나님을 알고 예수님을 알아도 성령님의 통제 안에 있지 않으면 우리는 여전히 세상에 있는 것과 같다. 찰스 스탠리(Charles Stanley)는 이렇게 말했다.

―― 세속적인 지혜는 자연스러운 것을 하는 것이다. 신령한 지혜는 성령께서 우리로 하여금 하도록 이끄시는 것을 하는 것이다.

그렇다면 성령님이 하시는 일은 무엇인가? 다음 일화에서 성령님이 하시는 두 가지 일을 알 수 있다.

어떤 목사님이 스코틀랜드를 여행하던 중 여관에 머물게 되었다. 여관 주인은 명망 있는 목사님이 자신이 운영하는 여관에 묵게 되자 매우 기뻐하며 가정 예배를 인도해 달라고 부탁했다.

목사님은 주인에게 "모든 손님과 여관 직원을 초대한다면 가정 예배를 인도하겠습니다"라고 답했다. 주인도 이에 동의했다.

사람들이 큰 방에 모여들었다. 목사님은 "손님과 직원들이 다 모였습니까?" 하고 물었다. 주인은 그렇다고 대답했다. 그러자 목사님은 주방에서 냄비와 주전자를 닦는 어린 소녀가 보이지 않는다며 그 소녀 없이는 예배를 시작하지 않겠다고 했다. 주인은 소녀를 불렀고, 예배가 시작되었다. 예배를 마친 후 목사님은 소녀에게 말을 걸었다.

"너에게 기도를 가르쳐 주고 싶구나. 오늘부터 매일 '주님, 제 자신을 보여 주세요'라고 기도를 해 보거라."

소녀는 그러겠다고 대답했다.

며칠 후 목사님은 일정을 마친 뒤 여관을 다시 찾았다. 그러자 주인이 불평을 털어놓았다. 소녀가 아주 버릇이 나빠졌다는 것이었다. 밤낮없이 울기만 하고 일도 하지 않는다고 했다. 목사님은 소녀를 다시 만났다.

"오늘은 기도를 한 가지 더 가르쳐 주고 싶구나. 이제부터 매일 '주님, 저에게 당신을 보여 주세요'라고 기도를 해 보거라."

소녀는 그렇게 하겠다고 약속했고, 목사님은 여관을 떠났다.

그리고 몇 년이 지났다. 목사님이 다른 지역에서 설교를 마치자 한 젊은 여인이 찾아와 "저를 기억하세요?"라고 물었다. 목사님이 고개를 갸웃하자 그녀는 자신이 바로 그 여관의 소녀라고 말하며 다음과 같이 고백했다.

"목사님이 첫 번째 기도를 가르쳐 주고 떠나셨을 때 하나님께 제 자신을 보여 달라고 기도했습니다. 하나님은 제 추악함을 보여 주셨고, 저는 제 죄가 너무도 압도적이어서 슬픔과 두려움에 빠져 잘 때도 일할 때도 그 죄를 생각할 수밖에 없었습니다.

그런데 목사님이 다시 오셔서 '주님, 저에게 당신을 보여 주세요'라고 기도를 하라고 가르쳐 주셨습니다. 제가 그렇게 기도하자 하나님은 그분의 모습을 보여 주셨습니다. 하나님의 사랑과 예수께서 저를 위해 십자가에서 죽으셨음을 말입니다. 이후 죄의 짐이 모두 사라지고 비로소 행복한 그리스도인이 되었습니다."

이것이 바로 성령님이 하시는 일이다. 우리 안에 거하시는 성령님은 먼저 우리의 추악한 죄를 보여 주시고, 그다음에 우리를 위해 십자가를 지고 돌아가신 예수님을 보게 하신다.

성령님은 언제나 우리와 함께 계시지만, 안타깝게도 많은 그리스도인에게 종종 잊히거나 오해를 받으신다.

우리가 무슨 일을 '인지'(awareness)할 때, 즉 알아채고 있을 때 우리는 마치 그 일이 정말로 일어나는 것처럼 행동한다. 예를 들어, 우리는 때때로 깜짝 생일 파티를 준비한다. 생일을 맞은 사람은 깜짝 파티가 예정되어 있다는 것을 인지하면 기대하게 된다. 20년 전에 천국에 간 내 여동생은 샤워한 후에 화장하는 데한 시간을 투자했다. "너는 이미 예쁜데 뭘 그렇게까지 하니?"라고 내가 물으면 여동생은 "누군가를 만나게 될지 모르잖아"라고 대답했었다. 여동생은 자신이 사람들을 만날 것을 알 뿐 아니라 인지했던 것이다.

모든 사람이 성령님의 임재 가운데 옳게 행동해야 한다는 사실을 알고 있다. 단순히 하나님에 대해 아는 것은 우리의 태도를 변화시키지 않는다. 그러나 우리가 그분의 임재를 '인지'하게 되면 우리는 마치 하나님이 여기 계시는 듯 행동하게 된다. 예수님도 어떤 것을 인지하셨고, 행동하셨다. 예를 들어, 바리새인들이 주님을 어떻게 죽일지를 모의할 때 예수님은 그 사실을 인지하셨고, 그 자리를 떠나셨다.

예수께서 아시고 거기를 떠나가시니 마 12:15

주님과 함께 있었던 이들도 예수님의 능력을 인지했다. 이어지는 15절은 "많은 사람이 따르는지라[그들은 행동했다] 예수께서 그들의 병을 다 고치시고"라고 말한다. 아는 것은 지식이며, 인지하는 것은 그 지식에 대한 행동을 포괄한다.

인지는 강력하다.

인지는 사람으로 하여금 행동하게 한다.

인지는 진리를 이끌어 낸다.

인지는 치유다.

인지는 우리로 하여금 성령님의 임재 앞에서 행동하게 한다.

따라서 성령님의 임재를 인지하지 못한 채 기도할 때 기도는 지루하다. 그러나 성령님이 바로 여기, 내 곁에 계신다는 사실을 인지한 상태에서 기도하면 기도가 즐겁다. 나중에는 즐거울 뿐만 아니라 영적 싸움에서 승리를 쟁취하게 된다. 기도에 시너지와 담대함이 생긴다. 성령님의 임재를 인지할 때 우리는 "제 삶이 언제나 주님 안에 있게 해 주세요"라고 기도할 뿐 아니라, "제가 하나님의 영광을 담대하게 선포하고 전능하신 하나님이 제 삶 가운데 영광을 드러내시기를 간절히 원합니다"라고 간구할 수 있다.

죄인인 우리가 스스로 죄에서 자유롭기란 불가능하다. 우리는 우리 자신과 죄를 결코 분리할 수 없다. 그것은 마치 빈 잔에 들어 있는 공기를 뺄 수 없는 것과 같다. 그런데 빈 잔에서 공기를 뺄 수 있는 방법이 하나 있다. 그것은 잔에 물을 따르는 것이다. 우리가 죄에서 자유로워질 수 있는 유일한 방법은 성령님으로 충만해지는 것이다.

흔들리지 않는 믿음을 소유하기 바란다. 구원 안에서 견고해지기를 바란다. 하지만 믿음은 투지에서 오는 것이 아니다. 구원 역시 노력으로 얻을 수 있는 것이 아니다. 믿음과 구원은 항복에서 온다. 내가 하나님 앞에 항복할 때 내 안이 성령님으로 채워지기 시작한다. 나 역시 성령 충만에서 비롯한 능력을 간절히 원한다. 그래서 매 순간, 선택을 해야 할 때, 지혜가 필요할 때 성령님의 도우심을 구한다.

성령님이 항상 임재하고 있다는 것을 인지하면 성령님이 그 답을 알려 주신다. 우리로 하여금 개인의 능력과 세상적 지혜를 뛰어넘을 수 있도록 인도하시는 성령님을 따라갈 수 있기를 늘 소망한다.

||||||||||||||||||||||||
명철한 자의 입술에는 지혜가 있어도
지혜 없는 자의 등을 위하여는 채찍이 있느니라 잠 10:13

지혜를 배우는 나눔 질문

Q1 나는 성령님을 늘 인지하며 살고 있는가? 그렇지 않다면 그 이유를 찾아
보라.

Q2 성령님을 느끼며 살고 있다면 그 간증을 나누라.

지혜는
예수님의 에센스이다

―

만일 당신이 돈과 학력, 건강을 다 가졌다 해도 다음 말들을 하지 않는다면 주변에 아무도 남지 않을 것이다. 반대로, 다음 말들을 하면 주변에 사람이 많을 것이다.

"보고 싶어요", "존경해요", "당신이 맞는 것 같아요", "용서해 주세요", "저를 믿어 주세요", "제가 도와 드리겠습니다", "이해합니다", "한번 해 보세요", "사랑합니다", "고마워요."

가정과 교회와 직장과 친구들 사이에서 이 말들을 얼마나 자주 하는가? 이 말들은 하나님의 사랑과 같은 속성을 갖고 있다. 한편 이 말들에는 세상적인 지혜도 들어 있다. 세속적인 맥락에서 지혜란 능력을 의미한다. 파악하는 능력, 현명한 판단을 발휘하는 능력이다. 이러한 지혜는 경험을 통한 연륜에서 온다. 그러나 영적인 세계에서 지혜는 능력 이상을 의미한다. 지혜는 예수님의 에센스(essence)이다. 또한 지혜는 은혜와 마찬가지로 하나님의 선물이다.

> 너희 중에 누구든지 지혜가 부족하거든 모든 사람에게 후히 주시고 꾸짖지 아니하시는 하나님께 구하라 그리하면 주시리라
>
> 약 1:5

당신이 구한다면 하나님이 지혜를 주실 것이다. 하나님은 당신이 어리고 결점이 많을지라도 당신에게 지혜를 주실 것이다.

지혜는 우리가 구원의 선물인 은혜 안에 살도록 하나님이 축복해 주시는 것이다.

지혜는 우리가 하나님의 뜻에 따라 살도록 하나님이 축복해 주시는 것이다.

지혜는 우리가 다른 사람들과 조화롭게 살도록 하나님이 축

복해 주시는 것이다.

지혜는 우리가 성령의 능력을 받도록 하나님이 축복해 주시는 것이다.

지혜는 강력하다.

성경은 모든 것을 가지고 지혜를 얻으라고 말한다.

> 지혜가 제일이니 지혜를 얻으라 네가 얻은 모든 것을 가지고 명철을 얻을지니라 Wisdom is supreme; therefore get wisdom. Though it cost all you have, get understanding 잠 4:7

> 나 지혜는 명철로 주소를 삼으며 지식과 근신을 찾아 얻나니 잠 8:12

만약 당신에게 지혜가 없다면, 다음 이야기에 나오는 왕과 같을 수 있다. 1년이 어떤 차이를 만들어 낼 것이라고 믿는 어리석은 자가 되지 말라.

한 마법사가 왕의 총애를 잃고 사형 선고를 받았다. 사형 집행일에 그는 왕에게 "왕의 말(馬)이 말을 하도록 하여 왕을 유명하게 만들 수 있습니다"라고 말했다. 만약 실패한다면 왕은 그를 정말 죽일 것이었다. 한 신하가 마법사에게 "당신은 바보요. 왕

의 말이 말을 하도록 할 방법은 어디에도 없소"라고 말했다. 그
러자 마법사는 이렇게 대답했다.

"그렇지만 나는 1년을 더 살 수 있겠죠."

왕에게는 권력과 권한이 있었다. 그러나 왕은 마법사가 왕의
말이 말을 하도록 만들 수 있다고 생각하는 어리석은 자였다. 우
리는 왕과 같다. 우리는 구원받았다. 하나님의 나라에 들어갈 수
있는 권리를 얻었다. 그러나 우리는 수없이 자주 어리석게 행동
한다. 우리는 종종 왕처럼 말하고 행동한다. 우리는 쉽게 흔들리
고, 쉽게 영향을 받는 왕과 같다.

우리가 예수님의 지혜를 갖지 못할 때 우리는 속이기 쉬운
사람이 된다. 성령님의 부재 때문은 아니다. 성령님은 그 순간에
도 우리 안에 계신다. 문제는 우리에게 지혜가 없기 때문이다.
그래서 하나님은 우리에게 어떠한 값을 치르더라도 지혜를 얻으
라고 말씀하신다.

"어떻게 하면 성공할 수 있을까?"

많은 사람이 품고 있는 인생 최고의 질문이다. 이 질문을 가

장 많이 받는 미국의 백만장자 중 적어도 50%는 대학을 나오지 않았다는 사실을 알고 있는가? 성공의 답이 학력에 있지 않다는 뜻이다. 대학에 가지 말라는 뜻은 아니다. 그들을 성공으로 이끈 것이 '학력'이나 '운'이 아닌 '지혜'라는 뜻이다.

최근 나도 이 질문을 자주 받는다. 나는 이 질문에 대해 단 하나의 답을 갖고 있다. 그것은 바로 '하나님의 가르침, 즉 지혜를 잊지 않는 것'이다.

> 내 아들아 나의 법을 잊어버리지 말고 네 마음으로 나의 명령을 지키라 그리하면 그것이 네가 장수하여 많은 해를 누리게 하며 평강을 더하게 하리라 인자와 진리가 네게서 떠나지 말게 하고 그것을 네 목에 매며 네 마음판에 새기라 그리하면 네가 하나님과 사람 앞에서 은총과 귀중히 여김을 받으리라 잠 3:1-4

그렇다면 지혜란 과연 무엇이며 어떻게 지혜를 얻을 수 있는가?

먼저, 지혜는 단순한 능력이 아님을 이해하라. 지혜는 메시아이시다. 지혜는 예수 그리스도, 그분의 핵심(essence)임을 이해하라. 지혜는 인격이시다. 잠언 8장 23절은 "만세 전부터, 태초부터, 땅이 생기기 전부터 내[지혜]가 세움을 받았나니"라고 말한다. 누가 태초부터 계셨는가? 누가 땅이 생기기 전부터 계셨는가?

> 이 모든 날 마지막에는 아들을 통하여 우리에게 말씀하셨으니
> 이 아들을 만유의 상속자로 세우시고 또 그로 말미암아 모든
> 세계를 지으셨느니라 이는 하나님의 영광의 광채시요 그 본체
> 의 형상이시라 그의 능력의 말씀으로 만물을 붙드시며 죄를 정
> 결하게 하는 일을 하시고 높은 곳에 계신 지극히 크신 이의 우
> 편에 앉으셨느니라 히 1:2-3

예수님은 태초부터 계셨다. 하나님이 예수님을 만유의 상속
자로 세우셨다. 하나님의 아들이신 지혜, 곧 그리스도께서 모든
세계를 지으셨다. 이것이 지혜의 능력이다.

지혜는 대명사(pronoun)로 표현된다.

지혜는 인격이시다.

지혜는 예수님의 핵심이다.

지혜는 태초부터 하나님과 함께 있었다. 창조된 모든 것은
지혜와 함께였다.

지혜는 단순한 명언이 아니다. 세상 물정에 밝은 이야기나
현명한 판단이 아니다. 예수님은 하나님의 능력이요, 하나님의
지혜이시다.

오직 부르심을 받은 자들에게는 유대인이나 헬라인이나 그리
스도는 하나님의 능력이요 하나님의 지혜니라 고전 1:24

그러므로 어떤 대가를 치르든 지혜를 얻으라. 하나님을 사랑
하는 모든 사람은 지혜를 가져야 한다. 만약 예수님의 사랑이 당
신 안에 있다면 어떻게 지혜를 소유하지 않을 수 있겠는가? 기
억하라. 예수님은 하나님의 지혜이시다.

지혜를 구하는 것은 예수님의 방식을 구하는 것이다. 예수
님께 포커스할 때 모든 목표가 세워진다. 필요한 모든 전략이 분
명해진다. 그때 지혜로 충만한 삶을 살게 된다. 지혜는 하나님의
특성이다.

|||||||||||||||||||||||||

여호와께서는 지혜로 땅의 기초를 놓으셨으며
예지로 우주 공간을 펼치셨고 잠 3:19, 현대인의성경

지혜를 배우는 나눔 질문

Q1 지금까지 나는 '지혜'가 무엇이라고 생각했는가?

Q2 지혜이신 예수님을 얻기 위해 나는 무엇을 내려놓을 수 있는가?

I

WIS
DO
W31
M

PART 2　　　성경대로

다르게
생각하기

정직이
순종이다

—

대학교 2학년 때의 일이다. 당시 나는 여름방학을 맞아 인턴십 자리를 찾고 있었다. 그리고 마침, 지역에서 꽤 명망 있는 건설 회사에서 일할 수 있는 기회가 생겼다.

    인터뷰가 있던 날, 담당자들이 예상치 못하게 나를 회장실로 안내했다. 회장실에 머문 것은 길어야 5분도 되지 않았다. 그 짧은 동안 기업의 회장은 나에게 몇 가지 질문을 던졌고, 내게도 혹시 궁금한 점이 있으면 물어보라고 했다. 그래서 나는 이런 질문을 드렸다.

"어떻게 이 같은 성공을 이루실 수 있었습니까?"

기업 회장은 나를 물끄러미 쳐다보더니 한마디로 답했다.

"바로 정직이라네."

그러고는 더 이상 아무런 설명도 덧붙이지 않았고, 나는 곧 회장실을 떠났다.

그 회사에서 일하는 여름방학 내내, 학기가 시작되어 학교로 돌아왔을 때, 그리고 그 이후에도 나는 계속해서 그 기업 회장의 대답에 사로잡혀 있었다. 하지만 아무리 생각해도 어떻게 정직이 기업 경영의 성공으로 이어질 수 있는지, 도무지 실마리를 찾을 수 없었다. 그때까지 나는 그저 강하고, 권력적이고, 실무적인 능력을 지닌 사람만이 성공할 수 있다고 생각해 왔었다. 그리고 당시 내게 정직이란 그저 거짓말하지 않고 사실만을 곧이곧대로 말하는 것을 의미했다.

"어떻게 정직을 통해 성공의 길로 나아갈 수 있을까?"

이 질문은 내 일생에 걸쳐 매우 중요한 질문이자 하나의 도전이 되었다. 학업을 마치고 사회 초년병 시절을 보내면서도 나는 여전히 이 질문의 답을 찾았다. 단순히 정직의 의미만을 밝히는 것이 아니라, '사람들에게 어떻게 나의 정직을 내보일 수 있는가?'라는 문제 또한 내 인생에서 밝혀야 할 중요한 과제가 되었다. 그리고 비로소 다음과 같은 사실을 깨닫게 되었다.

"정직은 바로 절대적 순종을 의미한다."

정직과 관련해 동아시아의 한 황제와 관련된 설화를 소개하겠다. 황제가 점차 나이가 들어 후계자를 선정할 시간이 이르렀다. 특이하게도 그는 자녀들 중 한 명을 후계자로 택하지 않고, 제국의 모든 젊은이를 불러 모아 그들 중에서 후계자를 선정하고자 했다. 이후 후계자 후보생들이 한자리에 모였고, 황제는 젊은이들에게 식물의 씨앗을 하나씩 나누어 주며 1년 후에 어떻게 키워 냈는지에 따라 후계자를 결정하겠노라고 했다.

링이라는 이름의 젊은이는 황제의 선포에 매우 기뻐하며 씨앗을 받았고, 집으로 가져와 어머니께 그 소식을 알렸다. 링은 매일같이 물을 주며 씨앗을 돌보았고, 어머니도 기꺼이 그를 도왔다. 3주 정도 지나자, 이웃 젊은이들은 모일 때마다 자신들의 씨앗이 어떻게 발아해 식물로 잘 자라고 있는지를 이야기하기 시작했다.

하지만 링은 자신의 씨앗을 계속 지켜보았지만 친구들의 씨앗과는 달리 도무지 자라지 않았다. 4주 후에도, 5주 후에도 링의 씨앗에는 아무런 변화가 없었다. 많은 친구가 자기 식물에 대해 말할 때 링은 자신의 발아하지 않은 씨앗을 보며 실패한 기분마저 느꼈다. 6주가 지나도 그의 화분에서는 아무런 변화의 기미가 보이지 않았다. 모든 젊은이가 훌쩍 자란 식물이 담긴 화분을 갖게 되었을 때조차, 오직 링만은 아무런 수확을 얻지 못했다. 하지만 이 같은 상황에서도 링은 친구들에게 어떤 불평도 하지 않았다. 그저 묵묵히 씨앗을 돌볼 뿐이었다.

마침내 1년 후, 제국의 젊은이들은 감독관에게 자신들이 그동안 키운 식물을 가져갔다. 링은 어머니께 자신의 씨앗은 전혀 자라지 않았기 때문에 빈 화분을 황제께 가져갈 수 없으니 포기하겠노라고 말씀드렸다. 하지만 링의 어머니는 그에게 빈 화분을 궁궐에 가져가서 그간 있었던 일을 정직하게 알리라고 권유했다.

어머니의 말씀을 따라 궁궐에 도착하자 황제가 친히 나와 젊은이들을 반기며 식물들을 살펴보기 시작했다. 황제는 "자네들 덕분에 이렇게 잘 자란 꽃과 나무들을 보게나. 오늘 자네들 중 한

명을 다음 황제로 명할 걸세"라고 말했다. 그러던 중 링의 차례가 되었다. 황제는 링과 그의 빈 화분을 보았고, 경호원들에게 링을 자기 앞으로 데려오라고 명했다. 순간 링은 극도로 긴장했다.

'이제 황제께서 나의 실패를 알아차리셨으므로 나는 아마 사형에 처해질 것이다.'

링이 황제 앞으로 나아가자 황제는 그의 이름을 물었다.

링은 떨리는 목소리로 "링이라 하옵니다"라고 아뢰었다. 함께 자리한 젊은이들이 그의 실패를 비웃기 시작했다. 황제는 그들에게 조용히 하도록 명했다. 그러고는 관중을 향해 링을 가리키며 이렇게 선포했다.

"자, 여기에 너희의 새 황제가 있노라. 그의 이름은 바로 링이다."

링은 자신에게 일어난 일을 도저히 믿을 수 없었다. 그러자 황제가 덧붙여 말했다.

"1년 전 오늘, 나는 너희들 모두에게 씨앗을 주었다. 그러나 내가 너희에게 준 씨앗은 삶은 씨앗이었기에 결코 자랄 수 없었다. 하지만 링을 제외한 너희들 모두는 꽃과 나무들을 가져왔구나. 그것은 내가 준 씨앗이 싹을 내지 못하자 다른 씨앗으로 대체했음을 의미한다. 오직 링만이 용감하고 정직하게 내가 준 씨앗을 돌보고, 그것이 담긴 화분을 그대로 가져왔다. 그러므로 링이 이 나라를 이끌어 갈 새 황제가 될 것이다.”

사태가 심각하지 않을 때 사실을 고백하고 정직을 유지하기란 어렵지 않다.

사태가 심각하지 않을 때 “미안합니다” 하고 사과하는 것 또한 어렵지 않다.

사태가 심각하지 않을 때 자신의 잘못을 인정하는 것 역시 어렵지 않다.

그러나 사태가 심각할 때 우리는 우리의 책임을 남의 탓으로 전가하고 그 상황을 회피하려는 경향이 있다. 우리는 간절히 성공하고 싶을 때 우리의 손으로 자신의 씨앗을 가짜 씨앗으로 슬그머니 대체하는 경우가 있다. 그러나 링은 황제의 지침에 거짓없이 순종했다.

진정한 정직은 순종 없이 존재하지 않는다. 이사야 선지자는 정직과 순종이 어떻게 연계되는지를 보여 주었다.

너희가 즐겨 순종하면 땅의 아름다운 소산을 먹을 것이요 너희가 거절하여 배반하면 칼에 삼켜지리라 사 1:19-20

정의가 뒤로 물리침이 되고 공의가 멀리 섰으며 성실이 거리에 엎드러지고 정직이 나타나지 못하는도다 사 59:14

내가 십 대였을 때 아버지가 놀라서 나를 찾으셨던 일이 기억난다. 아버지는 자동차 보험 회사에서 온 편지를 내게 보여 주셨다. 당시 우리는 필라델피아시에서 교외로 막 이사를 했었다. 그 편지는 우리가 새로 이사한 지역의 보험료가 저렴하므로 미리 낸 보험료의 차액을 돌려주겠다는 내용이었다. 아버지는 놀라며 말씀하셨다.

"미국은 정말 좋은 나라구나. 이 일을 사업을 운영하는 방식의 좋은 예로 삼자."

정직을 경영 철학으로 삼자던 아버지의 당부가 내게 순종을 요구한 사건이 있었다. 몇 년 전 앰블러에 있는 한 교회에 화재가 났다. 조사관이 나에게 전화를 해 우리 구조 공학자들이 검사를 해서 남은 구조물을 당장 철거해야 하는지, 그 피해를 측정

해 줄 수 있는지를 물었다. 그리고 시간당 수당으로 지불해도 되는지 확인했다. 나는 그런 종류의 작업은 우리 직원 중 누구라도 할 수 있으므로 스태프 엔지니어급의 수당으로 청구하겠다고 대답했다.

하지만 현장 방문 날에 일정이 가능한 스태프 엔지니어가 없어 수당이 매우 비싼 책임 엔지니어 중에 한 사람을 보냈다. 한 달쯤 후 우리 회사 회계 팀에서 책임 엔지니어 수당으로 청구서를 보냈고, 돈을 받았다.

어느 날 운전을 하던 도중 나는 어떤 이유에서인지 내가 말한 것보다 더 많은 돈을 받았다는 사실을 깨달았다. 비록 책임 엔지니어가 일을 했다는 타당한 이유가 있었지만, 나는 즉시 회계 팀에 연락해 차액을 돌려주라고 말했다.

며칠 후, 조사관이 내게 전화를 걸어 책임 엔지니어가 일을 했기 때문에 그럴 필요가 없었다며 감동을 받았는지, "혹시 구조 공학자가 필요한 일이 생기면 이제부터 당신에게 전화하겠습니다"라고 말했다.

성경은 벌지 않은 돈은 취하지 말며, 게을리 얻은 양식은 먹지 말라고 했다(잠 31:27). 진실로 순종하지 않는 상황에서 정직이란 있을 수 없다. 정직이 없을 때 정의와 공평 또한 있을 수 없다. 순종 없는 사랑이 존재할 수 없듯, 순종 없는 정직이란 불가능하기 때문이다. 오직 순종하는 정직만이 진실로 우리의 마음을 움직인다. 오직 순종하는 정직만이 우리로 하여금 감동의 눈물을 흘리게 한다. 참된 정직으로 사람의 마음을 움직이는 사람이라야 진정한 지도자가 될 수 있고 성공을 이룰 수 있다.

수십 년의 세월이 흘러 어느덧 나도 십 대 때 나를 인터뷰한 회장과 같은 위치에 이르렀다. 그리고 그가 성공의 비결로 제시한 참된 정직의 의미를 비로소 깨달았다. 정직이 하나님의 지혜요, 예수님의 핵심이다.

||||||||||||||||||||||||||

진실한 입술은 영원히 보존되거니와
거짓 혀는 잠시 동안만 있을 뿐이니라 잠 12:19

지혜를 배우는 나눔 질문

Q1 나는 "진정한 정직은 순종 없이 존재하지 않는다"라는 말을 어떻게 이해 했는가?

Q2 "순종하는 정직만이 사람의 마음을 움직일 수 있다"는 말에 동의하는 가? 혹 순종하는 정직을 통해 사람의 마음을 얻은 경험이 있다면 나누 어 보라.

두 개의
눈

—

나는 떡을 참 좋아한다. 특별히 찰떡을 좋아한다. 그래서 미국에서 생활하지만 떡을 즐겨 먹는 편이다.

어두운 밤 구름 위로 보름달이 뜨는 날이면 추석에 먹는 송편이 생각난다. 그런데 송편을 먹을 때마다 '왜 송편은 반달처럼 생겼을까?' 궁금했다. 그 이유를 알아보니 백제 말기 의자왕의 일화와 관련이 있었다.

어느 날 의자왕은 잠이 오지 않아 뒤척이다가 겨우 선잠이

들었다. 그러다가 수상한 바람 소리를 듣게 되었고, 궁금한 마음에 바깥으로 나가 보았다. 놀랍게도, 밤하늘에 이상한 도깨비불 같은 것이 날아다니다 사라졌는데, "백제가 망한다! 백제가 망한다!"라고 말하는 것이 아닌가! 그러다가 왕의 침전 옆 땅속으로 흔적도 없이 사라져 버렸다.

다음 날 의자왕은 도깨비불이 사라진 곳을 파 보라고 신하들에게 명령했고, 그곳에서 거북이 한 마리가 발견되었다. 거북이의 등껍질에는 "백제는 가득 찬 보름달이고, 신라는 반달이다"라는 글귀가 적혀 있었다. 이를 수상하게 여긴 의자왕이 그 뜻을 점술가에게 물어보니 "백제는 가득 찬 달이라서 기울어 가는 중이고, 신라는 반달이라서 점점 가득 차는 중입니다"라고 해석했다. 점술가의 말을 들은 의자왕은 크게 역정을 내며 그를 사형에 처하라고 명했다. 이때 한 신하가 나서며 말했다.

"전하, 그 글귀는 백제는 가득 찼으니 번성한 것이고, 신라는 반만큼 차 앞으로 쇠약해질 것이라는 뜻이옵니다."

의자왕은 잠시 고민하더니 자리를 떠났다. 이 소문은 신라에까지 퍼졌다. 백제 사람들은 신하의 말이 맞다고 주장했고, 신라 사람들은 점술가의 말이 옳다고 맞섰다. 추석이 되자 신라 사람들은 반달 모양의 떡을 만들어서 점술가의 말을 증명하기로 했다. 이처럼 신라 백성이 하루빨리 신라가 가득 차 더욱 번창하기를 바라면서 반달 모양의 송편을 만들어서 먹었는데, 이 떡이 우리가 지금 먹는 송편의 시초라고 전해진다.

놀랍게도 얼마 지나지 않아 점술가의 말대로 백제는 망하고 신라는 삼국을 통일했다.

만약 의자왕이 나라가 망하리라는 경고를 '다르게' 들었더라면 어떤 일이 생겼을까?

온 가족이 둘러앉아 송편을 먹을 때면 신라의 잠재력을 다르게 보지 못한 의자왕과 백제 사람들의 실수와 오늘의 부족함에 머물지 않고 미래를 개척한 신라의 지혜로움을 생각하게 된다.

오늘날 우리에게도 보름달과 반달과 같은 두 가지가 있다. 먼저, 세상이 말하는 성공적인 경영 철학을 압축해 보면 다음 두 가지다.

- 돈으로 움직이는 경영
- 마음을 움직이는 경영

또한 성공적인 리더십을 다루는 책들이 공통적으로 말하는 것도 두 가지다.

- 인센티브를 주는 리더십
- 목적(cause)을 제시하는 리더십

우리는 어떤 기준에 따라 성공을 향해 달리며 리더의 역할을 하고 있는가?

《아침 키스가 연봉을 높인다》(두상달, 김영숙 공저, 가정문화원)라는 책은 일하러 가기 전 키스를 하면 누구를 만나든지, 혹은 어떤 결정적인 순간이 오든지 상황을 다르게 볼 수 있다는 내용을 다루고 있다. 즉 연봉이 오르고 비즈니스가 잘된다는 것이다. 이 책의 한 대목이다.

—— 아무리 힘 있는 사람일지라도 아침에 아내와 자녀에게 아침 키스를 받는 사람을 당해 낼 수는 없다. 성공하는 CEO에게는 보통 사람과는 다른 가정이 있다.

그렇다면 아침 키스를 받는 사람은 보통의 우리와 무엇이 다른 것일까? 그는 무엇을 '다르게 보아서' 아내와 자녀에게 아침 키스를 받는 것일까? 그중 하나는 바로 '아내를 다르게 보는 것'이다. 만일 자신이 '젊을 때 기세등등하게 군림하며 제왕처럼 태평성대를 누린 소수의 남편'들에 속한다고 생각한다면, 이제는 자기 주제를 파악하고 아내를 다르게 봐야 한다.

언젠가 대학 축제에 가서 미혼자들을 위한 특강을 할 때 학생들에게 이상적인 배우자상에 대해 물었다. 남학생들은 이렇게 대답했다.

"얼굴이 예뻐야 하고, 상냥해야 하며, 품위가 있고, 다리가 늘씬하며, 몸매는 S라인이어야 합니다. 성격은 드세지 않고 다소곳하며, 순종을 잘하고, 낮에는 친구 같고 밤에는 요부 같으며, 심심할 때 동생 같고 힘들 때 어머니 같은 여자여야 합니다. 아프지 않고 건강해서 요리나 청소를 완벽하게 해 내고, 보석이나 패물을 좋아하지 않으며, 돈 잘 벌고, 애 잘 낳고 이른 새벽부터 밤늦게까지 일해도 지치지 않는 슈퍼우먼이면 좋습니다."

그 이야기를 들은 나는 "그런 사람은 없으니 혼자 살라"고 말했다. 모두가 한바탕 웃었다.

어떤 남편들은 이상적인 아내를 만났다면 무척이나 행복했을 텐데 아내가 그 조건들을 충족시키지 못한다면서 결혼생활에 늘 아쉬움과 불만을 느낀다. 그들은 모두 아내 탓을 한다.

하지만 상황을 '다르게 볼 줄' 안다면, 그래서 다른 선택을

하게 된다면 우리의 결혼생활은 행복이 넘치게 될 것이다. 그것은 바로 배우자가 완벽해지기를 바라는 대신, 내가 먼저 변해 훌륭한 배우자가 되는 것이다.

자녀에 대해서도 '다른 태도'를 가져야 한다. 비즈니스를 성공적으로, 또한 성경적으로 잘해 낼 수는 있다. 그러나 그러한 사람들 중에 자녀들로부터 존경을 받는 사람은 그리 많지 않다.

우리는 배고픔을 경험한 세대다. 우리에게 중요한 것은 먹을 것, 내게 없는 것, 그리고 명예와 지위를 획득하는 것이다. 그러나 배고픔을 경험하지 않은 우리 자녀 세대에게는 '삶의 의미'가 가장 중요하다. 부모 세대와는 가치관이 완전히 다르다. 그들은 부모의 말을 무조건적으로 따르지 않는다. 돈을 많이 벌지 못하더라도 의미 있는 삶을 추구한다.

그들이 바로 우리와 함께 일해야 하는 세대다. 과거에는 돈을 벌어야 성공했다면, 이제는 마음을 얻어야 성공한다. 인센티브를 많이 주는 리더십이 아니라 달려갈 선한 목적과 계기를 마련해 주는 리더십이 인정을 받는다.

우리는 하나님을 전심으로 사랑하며 살아가는 그리스도인이다. 그렇다면 우리는 어떤 기준에 따라 신앙생활을 하며 삶을 살아가고 있는가? 우리가 다르게 보아야 할 부분은 무엇인가?

성경 말씀 전체를 통틀어 핵심을 말하라면 역시 두 가지를 들 수 있다.

> "네 마음을 다하고 목숨을 다하고 뜻을 다하여 주 너의 하나
> 님을 사랑하라"(마 22:37).
> "네 이웃을 네 자신같이 사랑하라"(마 22:39).

성경 말씀에 따르면, 우리는 하나님을 사랑하는 만큼 이웃을
사랑해야 한다. 하나님을 사랑한다면 이웃을 나 자신같이 사랑
할 수 있어야 한다. 사업을 하든, 공부를 하든, 춤을 추든, 장사를
하든, 무엇을 하든 내 이웃을 나 자신같이 사랑하기 위해서 사는
것이 하나님의 말씀으로 세상을, 미래를 다르게 보는 법이다.

'돈으로 움직이는 경영'과 '마음을 움직이는 경영', '인센티브
를 주는 리더십'과 '목적을 제시하는 리더십', 둘 중 어느 것을 선
택하겠는가? 하나님을 사랑하므로 이웃을 나 자신같이 사랑하
고 있는가?

|||||||||||||||||||||||||

여호와의 눈은 어디서든지
악인과 선인을 감찰하시느니라 잠 15:3

지혜를 배우는 나눔 질문

Q1 송편이 보름달처럼 둥글지 않은 이유에 대해 다시 한 번 생각하면서, 만약 내가 성공했다면 겸손을, 만약 내가 부족하다면 희망을 꿈꿔 보자.

Q2 나는 세상의 가치관대로 상황을 보는가, 아니면 하나님의 시선으로 상황을 보는가?

꿈은 동사로 표현할 때
이루어진다

—

두 번째로 방문한 무주는 나의 기억에서처럼 여전히 아름다웠
다. 아련하게 드리워진 산자락들, 그 선들 사이에 숨겨진 맑은
계곡, 그리고 순박한 현지인들의 정겨움도 아름다웠다.

무엇보다 차창 밖으로 병풍처럼 펼쳐진 푸른 산의 풍경이 내
마음을 설레게 했다. 언제나처럼 산 너머 멀리 보이는 또 다른
산들을 보며, 그곳에 뭔가 또 다른 세상이 있을 것이라는 호기심
과 희망에 내 가슴은 벅차올랐다.

가슴 가득 설렘을 안고서 그림처럼 펼쳐진 산들을 배경 삼아 목적지로 향했다. 이번 무주 여행에서 방문한 곳은 산속 깊이 자리 잡은 무주 태권도원이었다. 그곳에서 제42회 기독교실업인전국대회(CBMC)가 열렸다. 이 행사는 그리스도인 기업인들이 모여 "우리의 사업과 삶을 그리스도인답게 경영하고 인도하자"는 각오를 다지고 서로를 격려하는 자리다. 이번에는 전국 각지에서 약 2,800명이 참석한, 실로 감개무량한 모임이었다.

모임 참석자들은 대부분 50대 이상의 기업인들이었다. 그런데 그들 중 유독 나의 눈길을 끈 신기한 이가 하나 있었다. 전국에서 모인 수천 명의 참석자들이 넓고 푸른 숲이라면, 그 숲에서 필까 말까 하는 꽃봉오리 하나를 발견했다. 그 꽃봉오리는 다름 아닌 19세의 어린 소녀였다!

놀라운 사실은 그 소녀는 부모님을 따라 행사에 참석한 것이 아니라, 자신의 꿈을 찾기 위해 그 자리에 스스로 왔다는 것이었다. 더욱 신기하게도, 그 소녀의 꿈은 '무엇이 되는 것'이 아니라 자신이 찾는 꿈을 '만나는 것'이며, 모임에 참석한 이유도 바로 그 꿈에 대한 호기심 때문이라고 했다.

소녀와의 만남은 나로 하여금 꿈에 대해 다시금 생각하게 하는 계기가 되었다. 나의 책 《P31》에는 이렇게 쓰여 있다.

"꿈을 명사로 표현하지 말고 동사로 표현하라."

의사가 되고 싶으면 '의사'가 되겠다고 하지 말고 사람들을 '치료해 주는 사람'이 되겠다고 하라. 음악가가 되려면 '음악가'가 되겠다 하지 말고 '음악으로 감동을 주는 사람'이 되겠다고 하라. 명사는 정지형이지만 동사는 진행형이다. 자기에게 주어진 상황을 받아들이고, 변화할 준비를 하라. 행동할 준비를 하라. 명사는 자신의 자부심을 키우지만, 동사는 그때그때 우리로 하여금 꿈을 향해 실천하게 한다.

어릴 때부터 동사로 꿈꾸는 이는 스스로 자신의 꿈을 실천해 가며 마침내 참된 성공을 이룬다. 사회적 부와 명예를 차지하는 의사가 되는 것이 아니라, 자비로운 마음으로 아픈 이들의 내면까지 치료하는 의사가 된다. 무대에서 음악의 위대함을 뽐내는 음악가가 아니라, 관중의 마음을 울리는 음악가가 된다.

베드로는 어부였다. 그는 다른 어떤 것보다 '낚는' 것을 좋아했다. 만약 베드로에게 당신이 하는 일이 무엇이냐고 묻는다면 그는 자신을 '어부'라는 명사로 표현하지 않고 '낚는 사람'이라는 동사로 표현했을 것이다. 왜냐하면 예수님이 베드로에게 이제부터는 '고기를 낚는 사람'이 아니라 '사람을 낚는 사람'이 되라고 하셨기 때문이다.

나를 따라오라 내가 너희를 사람을 낚는 어부가 되게 하리라

마 4:19

무주에서 만난 19세 소녀는 비록 어린 나이임에도 불구하고 성인들이 모인 머나먼 장소까지 찾아와 꿈과의 만남이 얼마나 중요한지를 스스로 실천에 옮겼다. 나는 그 소녀를 보며 이 작은 꽃봉오리가 훗날 우리의 삶에 아름다운 정원을 일구어 낼 것을 믿어 의심치 않았다.

소녀와 달리, 19살 무렵 나는 내 꿈과의 만남이 중요한 줄도 몰랐을 뿐만 아니라 호기심도 갖지 않았다. 하지만 이제 돌이켜 보면, 나에게도 오늘의 나를 꿈꾸게 만든 동사가 있었다. 어릴 적 나는 언젠가 자라서 훌륭한 건축가, 성공한 사업가, 존경받는 목사가 되겠다고 꿈꾼 적이 없었다. 즉 나는 나의 꿈을 단 한 번도 명사로 표현하지 않았다. 대신 삶의 열정을 잘 나타내는 동사를 갖고 있었는데, 그것은 바로 '정리하는'(organize) 것이었다.

나는 어릴 때부터 언제나 정리하기를 좋아했다. 집 안을 정리하는 것, 정원을 가꾸며 정리하는 일에 흥미를 느꼈다. 간혹 이사하는 곳에 이사를 돕기 위해 가면 짐을 나르기보다는 트럭에 있는 짐을 정리하는 일에 관심을 가졌다. 성인이 되어서 회

사에서, 내가 속한 여러 단체에서, 혹은 교회에서 활동할 때에도 늘 어느 곳에 정리가 필요한지를 살펴 그곳을 찾아가 돕고자 하는 경향이 있다.

살아가며 힘에 부칠 때에도, 금전적으로 어려움을 겪을 때도, 사람들과의 관계에서 어려운 상황에 접하게 되더라도 나는 언제나 정리를 하려고 한다. 힘들면 주변에 도움을 청하며 상황을 정리하고, 돈이 없으면 씀씀이 정리를 하고, 사람들과의 관계가 좋지 못하면 사랑과 용서로 이를 정리하고자 한다. 그래서 나는 정리하는 태도가 오늘의 나를 만들었다고 본다.

훌륭한 건축가는 설계만 잘하는 것이 아니라, 수만 개나 되는 건축 재료를 잘 정리할 줄 알아야 한다. 성공하는 사업가가 되려면 돈만 많이 버는 것이 아니라, 조직을 잘 정리하고 경영해야 한다. 존경받는 목사가 되는 것은 설교만 잘하는 것이 아니라, 실제로 자신의 삶이 얼마나 성경적으로 잘 정리되어 있는가에 달려 있다.

이처럼 꿈을 명사로 표현하지 않고 동사로 표현한 것이 그때그때 나에게 꿈을 실천하게 했고, 그 실천들이 모여 오늘의 나를 만들었다.

자신의 삶 속에서 꿈을 동사로 표현하고, 이를 참되게 실천해 나가다 보면 언젠가 꿈을 이룬 자신을 만나게 될 것이다.

||||||||||||||||||||||||

네가 하는 일을 여호와께 맡겨라.
그러면 네가 계획한 일이 이루어질 것이다

잠 16:3, 현대인의 성경

지혜를 배우는 나눔 질문

Q1 나는 꿈을 동사로 꾸고 있는가? 만약 그렇지 않다면 지금 나의 꿈을 동사로 표현해 보라.

Q2 나의 꿈을 동사로 표현해 보니 어떤 느낌이 드는가? 그 느낌을 서로 나누어 보라.

당신의 삶이
우리의 비즈니스다

많은 사람이 내게 "오늘의 당신을 있게 한 성공의 비결은 무엇입니까?"라는 질문을 자주 한다. 돌이켜 보면 사람들이 '성공'이라말하는 내 삶의 변화는 특별한 비결에서 비롯한 것이라기보다는 '내 이웃의 삶을 향한 관심'에서 시작되었다. 그래서 나는 나에게 성공의 비결을 묻는 이들에게 종종 다음 문장에 대해서 어떻게 생각하는지를 묻는다.

"당신의 비즈니스가 우리의 삶이다."

이 문장은 "우리가 만약 고객의 비즈니스를 우리 삶의 일부로 대한다면 성공할 수 있지 않겠습니까?"라는 나의 우회적인 답변이다.

지금껏 많은 사람에게 이 질문을 해 본 결과, 모두 한결같이 이러한 마음가짐이라면 성공할 수 있을 것이라는 데 공감했다. 그들은 고객의 일을 단순히 나의 이윤을 만들어 내기 위한 비즈니스가 아니라 '나의 삶의 일부'로 생각한다면 고객뿐 아니라 나와 함께 일하는 회사의 구성원들도 기쁘게 여길 것이며, 더 나아가 이를 실천에 옮길 수만 있다면 분명 성공할 것이라고 답했다.

그러면 나는 여기서 한 걸음 더 나아가 다음 문장에 대해서는 어떻게 생각하는지를 묻는다.

"당신의 삶이 우리의 비즈니스다."

처음에는 다들 잠시 고개를 갸우뚱하지만, 이내 그들의 입에서 감탄사가 흘러나온다. 처음에는 의아해하던 표정이 감격의 미소로 바뀐다. 물론 첫 번째 문장의 의미도 좋다. 하지만 두 번째 문장은 첫 문장과는 다른 차원의 의미를 담고 있다. 그저 고객의 비즈니스만 잘 수행해 주는 차원에서 더 나아가 그들의 삶에 관심을 두고 그 삶을 섬기는 비즈니스를 의미하기 때문이다.

나는 고객의 삶에 진심 어린 관심을 기울이고 그들이 더 나은 삶을 살도록 돌보는 것이 우리 비즈니스의 목표라고 생각한다. 그것은 곧 예수께서 부탁하신 하나의 계명, "네 마음을 다하고 목숨을 다하고 뜻을 다하여 주 너의 하나님을 사랑하라…네 이웃을 네 자신같이 사랑하라"(마 22:37, 39)라는 말씀과 같은 의미를 담고 있다. 즉 고객과의 계약이나 그들의 비즈니스만을 사랑하는 것이 아니라 고객을 진심으로 나 자신같이 사랑하라는 의미다. 이것은 결코 고객에게만 국한된 이야기가 아니라 하청 회사나 경쟁 회사에게도 똑같이 적용된다.

한번은 이런 일이 있었다. 경기가 한창 어려울 때 한 고객이 우리를 다른 회사와 경쟁을 시켰다. 자기 건물의 설계비를 입찰에 부친 것이다. 나중에 알고 보니, 상대 회사는 우리 회사보다 실력이나 경험 면에서 아직은 조금 더 성장해야 하는 회사였다. 고객은 경합을 이용해 단가를 터무니없이 낮추려고 했던 것이다. 썩 내키지는 않았지만, 마침 경기가 좋지 않은 무렵인 데다 일거리가 필요했기에 설계비를 낮춰 주었다.

하지만 고객은 결정을 하지 않고 다시 전화를 걸어와 상대 회사가 여전히 우리보다 더 낮은 설계비를 제시하고 있으니 우리더러 그만큼 더 낮춰 달라고 요구했다. 어처구니가 없었지만 가만히 고객의 입장에서 생각해 보았다. 경쟁 입찰에 부쳤으니, 우리가 비싸면 보다 저렴한 회사에 일을 맡기면 그만이었다. 그럼에도 계속해서 우리에게 가격을 낮춰 달라고 요구하는 것을 보니, 우리에게 일을 맡기고 싶어 하는 것이 분명했다. 그래서 가격을 낮추어 주었더니 그제야 만족한 듯 설계를 맡기겠다고 승낙했다.

끝났나 싶었는데 약 10여 분 뒤 상대 회사에서 전화가 걸려 왔다. 사실 그 회사 사장과 나는 잘 아는 사이가 아니었고, 더구나 입찰 경쟁을 치른 사이이니 개인적으로 만나거나 통화를 할 이유가 전혀 없었다. 그런 그가 내게 하소연을 했다.

"제가 전화를 건 이유는 우리에게 그 일이 꼭 필요하기 때문입니다. 요즘 경기가 워낙 나빠서 얼마 전 우리 회사의 직원 절반 이상을 해고했습니다. 이제 이 일까지 놓치면 우리는 회사 문을 닫아야 합니다. 그러니 우리를 좀 도와주십시오."

의외의 상황이었다. 솔직히 처음에는 화가 났다. 입찰 과정에서 상당한 금액의 설계비를 손해 본 나로서는 안타까운 상황에 대해 적당히 예의를 갖춘 뒤 전화를 끊었다.

그런데 그 직후 "당신의 삶이 우리의 비즈니스다"라는 문구가 떠올랐다. 그간 고객에게 적용시켜 온 나의 경영 철학이었지만 경쟁 회사에까지 확대 적용해야 한다는 생각은 전혀 하지 못했다. 그때 나는 내가 생사의 기로에 놓여 심장 이식 수술을 기다리며 읽었던 성경 말씀을 기억했다.

> 네 원수가 배고파하거든 먹을 것을 주고, 목말라하거든 마실 물을 주어라. 이렇게 하는 것은, 그의 낯을 뜨겁게 하는 것이며, 주님께서 너에게 상으로 갚아 주실 것이다잠 25:21-22, 새번역성경

물론 쉽지 않은 결정이었지만, 나는 하나님의 약속을 믿기로 했다. 그래서 우리도 어려운 상황이었으나 프로젝트의 일부를 경쟁 회사에 재하청을 주었다. 비록 이 일을 통해 살아난 그 회사가 후에 우리의 경쟁사가 될지라도, 우선 지금 어려움에 처한 회사를 돕는 것이 '주님께서 상 주실 일'이라 믿었다.

그 경쟁사는 살아남았다. 그리고 마치 우리가 베푼 은혜를 잊지 않겠다는 듯, 지난 20여 년 동안 우리와는 경쟁하지 않으며 자신의 전문 분야에서만 사업을 계속해 왔다.

이 일을 통해 나와 우리 직원들은 비록 우리의 경쟁 상대나 적이라고 할지라도 그들 또한 우리의 이웃이며, 어려움에 놓인

이웃을 돌보는 것이 우리의 사명이라는 지혜를 깨달았다. 그때 내가 만일 그 회사를 도와주지 않고 파산하게 두었다면, 지금 내가 알지 못하는 더 큰 적(경쟁 회사)과 대적하게 되었을지 누가 알겠는가?

돌이켜 보면 오늘의 나를 있게 하고, 오늘의 우리 회사를 있게 하고, 나로 하여금 많은 아름다운 이야기와 경험, 풍성한 은혜를 나눌 수 있게 한 것은 최선을 다해 하나님의 약속을 믿고 따른 것 때문이라고 생각한다.

이웃을 사랑하는 것은 하나님의 자녀가 지향해야 할 삶의 본질이자 성공의 비결이다. 이것이 우리 예수님의 지혜이며 핵심이다.

|||||||||||||||||||||||||

네 원수가 배고파하거든 음식을 먹이고 목말라하거든
물을 마시게 하라 그리하는 것은 핀 숯을 그의 머리에 놓는 것과
일반이요 여호와께서 네게 갚아 주시리라 잠 25:21-22

지혜를 배우는 나눔 질문

Q1 "당신의 삶이 우리의 비즈니스다"라는 말에 동의하는가? 상대가 경쟁자나 원수일 때도 이 말에 동의하며 실천할 수 있겠는가?

Q2 이웃을 사랑하는 것이 복 받는 비결이라고 생각하는가? 이웃을 사랑함으로 받은 복을 나누어 보라.

울타리를 옮기기
시작할 때

—

우리에게는 늘 원하는 것이 있다. 우리는 우리의 삶이 언제나 순조롭기를 원한다. 우리는 그 비결을 찾기 위해 여러모로 시간을 소비한다. 그리고 언제나 더 나은 방법을 찾아보려 한다. 때로는 새로운 만남에서, 때로는 새로운 학문에서, 때로는 새로운 직장이나 지역 사회에서, 때로는 새로운 단체나 교회에서 해결책을 찾으려 한다. 알버트 아인슈타인(Albert Einstein)은 우리에게 이런 말을 남겼다.

— 만약 나에게 문제를 해결할 수 있는 1시간이 있다면, 나는 55분을 문제점을 생각하는 데 쓰고, 단 5분만 해결책을 찾는 데 쓰겠다.

나는 이 말이 진리라고 생각한다. 우리는 답을 찾기 이전에 문제점을 알아야 한다. 즉 우리의 해결책은 우리가 문제점을 제대로 인식할 때 순조롭게 발견된다.

그렇다면 우리의 문제점들, 즉 아픔과 실망, 불안, 질투 등은 어디에서 오는가? 마치 침을 잘 놓는 한의사가 진맥을 단번에 짚듯, 성경은 첫 책인 창세기에서 우리의 문제점을 정확하게 지적하고 있다. 성경에 따르면, 인간의 모든 문제점은 인간이 오직 '자기 이름'을 내세우려고 할 때 찾아온다. 창세기 11장에는 인간들이 하늘까지 닿는 탑을 쌓으려고 했던 이유가 기록되어 있다.

또 말하되 자, 성읍과 탑을 건설하여 그 탑 꼭대기를 하늘에 닿게 하여 우리 이름을 내고 온 지면에 흩어짐을 면하자 하였더니 창 11:4

결론적으로, '우리 이름을 내자'가 오늘날 우리의 진짜 문제다. 우리는 모두 자기 이름을 내세우기 위해 열심히 공부하고,

일하고, 생활한다. 그러나 하나님은 인간들의 교만을 깨우치기 위해 그들이 세운 바벨탑을 무너뜨리지 않으셨던가! 그럼에도 불구하고 우리는 아직도 우리를 성공하지 못하게 하는 문제점을 잘 알지 못한 채 아등바등 살아가고 있다.

나도 심장에 이상이 생겨 심장 이식을 받기 전에는 나 자신의 문제점을 알지 못했다. 내 이름을 내세우고자 발버둥 친 삶의 문제점을 깨닫지 못하고, 문제에 부딪힐 때마다 내 능력으로 답을 찾고 해결하려 했다. 그리고 한동안은 가능할 것처럼 보였다! 그러나 나의 자만심은 하나님이 주신 두 번의 심장 이식 수술이라는 고난을 겪으면서 바벨탑처럼 무너져 내렸다. 그리고 그 과정에서 내가 깨달은 하나님의 가르침이 있다.

"자기 이름을 내세우기 위한 세속적인 삶이 아닌
이웃을 위해 살라."

그리고 그때 하나님의 뜻대로 이웃에게 사랑을 나누고 실천하기 위해 시작한 사업이 현재까지 성공적으로 번창하고 있다.

이제 우리의 문제를 알았으니, 쉽게 해결책을 찾을 수 있을 것이다. 그 해결책은 바로 지금까지와는 '반대로 사는 것'이다. 즉 자기 이름을 내세우기보다는 이웃을 사랑하는 것이다. 그러면 더욱 빨리 성공할 것이고, 우리의 삶은 더 순조롭게 될 것이다.

예를 들어, 그동안 온 정성을 다해 자신의 뛰어난 능력과 성취를 세상에 알리려 했다고 하자. 만약 우리가 같은 기간 온 정성을 들여 이웃을 사랑으로 돌보아 주었다면 어떻게 되었을까? 아마도 더 많은 성과를 이루었을 것이다. 왜냐하면 끝내 나를 이끌어 올려 주는 사람은 나 자신이 아니라 바로 내 곁에 있는 사람이요, 우리 이웃이기 때문이다.

우리를 성공하지 못하게 하는 원인이 하나 더 있다. 다음 예화를 통해 알아보자.

제1차 세계대전 중에 한 군인이 전사했다. 그 군인에게는 가족이 없었기에, 친구가 성당 바로 뒤편에 있는 묘지에 가서 신부에게 그곳에 군인을 묻어도 되는지 물었다. 신부는 군인이 천주교 신자인지 물었다. 친구는 "그는 개신교도입니다"라고 대답했다. 신부는 "그럼 울타리 밖에 묻으세요"라고 말했고, 친구는 그렇게 했다.

전쟁이 끝나고 친구는 무덤을 다시 찾았다. 울타리 밖에서 아무리 찾아도 찾을 수가 없었다. 성당에 가 보니 다행히도 당시 신부를 만날 수 있었다. 그가 도움을 청하자 신부는 이렇게 말했다.

"울타리 밖에 당신의 친구를 묻으라고 말하고 나서 마음이

편하지 않았습니다. 그래서 울타리를 밖으로 옮겨 당신의 친구가 우리 중에 한 사람이 되도록 했습니다."

신부는 모든 군인은 평등하며 차별해서는 안 된다는 사실을 깨달았던 것이다.

> 너희가 만일 성경에 기록된 대로 네 이웃 사랑하기를 네 몸과 같이 하라 하신 최고의 법을 지키면 잘하는 것이거니와 만일 너희가 사람을 차별하여 대하면 죄를 짓는 것이니 율법이 너희를 범법자로 정죄하리라 약 2:8-9

하나님은 우리 모두를 동등하게 지으셨다. 하나님은 누구도 차별하지 않으신다. 하나님은 베드로에게 "하나님께서 깨끗하게 하신 것을 네가 속되다 하지 말라"(행 10:15)라고 말씀하셨다. 그러나 사람들은 차별한다. 우리는 여전히 어떤 사람들을 가리켜 속되고 깨끗하지 않다고 말한다.

하나님을 비난하지 말라. 하나님은 이미 당신을 인정하셨다. 이미 당신을 좋아하신다. 하나님은 차별하지 않으신다. 그러나 문제는 우리가 차별을 고집하는 데 있다. 헌법은 우리 모두가 평등하다고 정의한다. 헌법을 비난하지 말라. 사람들이 차별하는 것이다. 나와 당신이 이런 문제를 만드는 것이다. 성경은 차별이 죄라고 명확하게 말한다.

> 이는 하나님께서 외모로 사람을 취하지 아니하심이라 롬 2:11

> 사람을 차별하여 대하지 말라 만일 너희 회당에 금가락지를 끼고 아름다운 옷을 입은 사람이 들어오고 또 남루한 옷을 입은 가난한 사람이 들어올 때에 너희가 아름다운 옷을 입은 자를 눈여겨보고 말하되 여기 좋은 자리에 앉으소서 하고 또 가난한 자에게 말하되 너는 거기 서 있든지 내 발등상 아래에 앉으라 하면 너희끼리 서로 차별하며 악한 생각으로 판단하는 자가 되는 것이 아니냐 약 2:1-4

차별은 죄요, 죄의 씨앗이다. 왜냐하면 차별은 편견이고 편파적이기 때문이다. 불행하게도 인생에서 마찰은 우리가 사람들로부터 인정이나 특혜를 받지 못할 때 자주 생긴다.

'차별'(favoritism)과 '페이버'(favor) 사이에는 큰 차이가 있다. 차별은 때로는 사회적 지위나 재산 등에 따라 특정한 사람에게 특혜를 주는 부당한 행동을 의미한다. 한편 페이버는 자비롭고 친절하게 대하며 도와주는 행동이다. 우리는 차별하지 않아야 하며, 동시에 차별 받기를 원하지 않아야 한다.

고백하건대, 사실 나도 차별을 원한 적이 있다. 1970년대 중반, 당시는 지금과는 시대가 달라서 차별이 극심했다. 나도 예외는 아니었다. 나는 화학 교수님께 좋은 점수를 받기 위해 매우 노력했다. 얼마나 편애를 받고 싶었는지 모른다. 그런데 C를 받았고, 매우 실망스러웠다. 마지막 시험 점수는 A-였다. 그전 시험은 B-였고 첫 번째 시험은 D+였다. 평균을 내면 C를 받는 것이 당연했다. 그러나 마음에 들지 않았다.

나는 교수님을 찾아가서 B를 받아야 한다고 주장했다. 교수님은 내 평균 점수가 C+라고 하셨다. 나는 페이버를 베풀어 달라고 말씀드렸다. 내 성적이 D, B, A로 성장해 왔기 때문에 이 부분을 추가로 고려해 주셔야 한다면서 말이다. 그러나 교수님은 차별할 수 없다고 말씀하셨다.

나는 고집을 부렸다. 소수자인 우리가(교수님은 흑인이셨다) 인정을 받고 비소수자와 동등하게 대접받기 위해서는 2배는 더 열심히 공부해야 한다는 점을 이유로 들었다. 교수님은 나에게 생각해 보겠다고 하셨다. 그리고 일주일 후 내 성적은 C에서 B가 되었다. 이것은 죄의 씨앗이다. 나는 페이버가 아니라 차별을 원했다.

하나님 앞에서 우리 모두는 평등하다. 차별은 죄의 씨앗이요, 교만의 씨앗이요, 마찰의 씨앗이요, 질투의 씨앗이다. 그렇다면 우리는 어떻게 하나님께 집중하면서도, 서로를 속되고 깨끗하지 않다고 말하며 차별하는 덫에 빠지지 않을 수 있을까?

성령님이 임하셔야 한다! 성령으로 충만할 때 우리는 다르게 생각할 수 있다. 울타리를 옮기기 시작한다. 우리가 울타리를 옮기기 시작할 때 사람들은 감동한다. 사람들이 감동할 때 그들은 하나님을 보기 시작할 것이다.

혹시 당신이 울타리 밖에 놓은 사람이 있는가? 그렇다면 지금이 바로 성령님께 순종해야 할 때다. 당신이 울타리를 옮겨 놓을 때 하나님은 기뻐하신다. 왜냐하면 하나님은 우리 모두를 깨끗하게 지으셨기 때문이다. 그리고 독생자 예수님을 보내 우리가 죄에서 자유할 수 있도록 우리 모두를 깨끗하게 만드셨기 때문이다.

자기 이름을 내세우려던 교만과 이웃을 차별한 죄를 회개하라. 하나님 앞에 고백하고 용서를 구하라. 성령 충만을 구하라. 그리고 성령님의 은혜 가운데 이웃을 위해 살고, 이웃과 연합하라! 이것이 예수님의 지혜다. 핵심이다.

||||||||||||||||||||||||||

이웃을 업신여기는 자는 죄를 범하는 자요
빈곤한 자를 불쌍히 여기는 자는 복이 있는 자니라 잠 14:21

지혜를 배우는 나눔 질문

Q1 지금까지 내 이름을 내세우기 위해 했던 일을 3가지만 떠올려 보고 가감 없이 나누라.

Q2 지금까지와 반대로 살기로 결심하고, 그 결심을 구체적으로 나누어 보라.

제가
대신 하겠습니다!

리치몬드의 한 빈민가에 소재한 고등학교 농구부의 이야기다.
학교는 팀의 성적이 좋지 않아 새로운 코치를 영입했다. 새 코치
는 이 학교 출신으로, 큰 스포츠 용품점의 사장이었다. 그는 아
이들을 돕기 위해 코치가 되기로 했지만, 선수들의 형편없는 성
적과 불량한 태도에 매우 놀랐다. 그래서 3가지를 바꾸기 위해
엄격한 기준을 세웠다.

"경기에 참여하기를 원한다면 공손한 태도와 단정한 옷차림, 그리고 좋은 학과 성적 등 3가지 조건을 충족시켜야 한다."

티모 크루즈라는 선수는 이 조건에 반발해 농구부를 그만두었다. 하지만 얼마 안 가 다시 농구부에 복귀하고 싶어 했다. 그는 코치에게 어떻게 하면 될지 물었다. 코치는 일주일 안에 팔굽혀 펴기 2,500회와 반복 훈련 1,000회를 하라고 지시했다. 그리고 '불가능할 것'이라고 덧붙였다. 티모는 사력을 다했으나 일주일 안에 목표량을 다 채우지는 못했다. 코치는 그의 노력을 높이 평가했으나 지시를 따르지 못했기 때문에 농구부에 복귀할 수 없다고 결정했다.

티모는 위기에 처했다. 농구부를 떠날 수밖에 없는 상황이 되었다. 그때 이를 지켜보던 제이슨이라는 선수가 티모가 채우지 못한 팔 굽혀 펴기를 대신 하겠다고 나서며 말했다.

"코치님은 우리가 팀이라고 말씀하셨어요. 한 사람이 실패하면 우리 모두가 실패한 것이고, 한 사람이 승리하면 우리 모두가 승리한 것이라고요. 그러니 제가 대신 팔 굽혀 펴기를 하겠습니다."

사실 제이슨과 티모는 성격 차이로 자주 다투던 사이였다.

제이슨에게 티모는 불편한 존재였다. 하지만 제이슨은 팀의 전력을 높이고 팀이 진정으로 하나 되기 위해서, 그리고 경기장에서뿐만 아니라 일상에서도 승리하는 삶을 살기 위해서 티모의 농구부 합류를 도와야만 한다는 사실을 알고 있었다.

그 말을 들은 코치가 가만히 제이슨을 바라보고 있는 사이, 제이슨은 팔 굽혀 펴기를 시작했다. 그러자 옆에 있던 다른 선수들도 따라 하기 시작했다. 곧 티모의 목표량을 채웠다. 그들은 그렇게 다시 하나의 팀이 되었다!

> 날마다 마음을 같이하여 성전에 모이기를 힘쓰고 집에서 떡을
> 떼며 기쁨과 순전한 마음으로 음식을 먹고 하나님을 찬미하며
> 또 온 백성에게 칭송을 받으니 주께서 구원받는 사람을 날마다
> 더하게 하시니라 행 2:46-47

우리가 함께 살면서 삶을 공유하고 경험할 때 그것을 '펠로우십'(fellowship)이라고 부른다. 펠로우십은 기쁨과 순전한 마음으로 서로가 필요로 하는 것을 주고 함께 삶을 경험하는 것이요, 함께 떡을 떼는 것이며, 함께 시간을 보내는 것이다. 교회가 이런 일을 감당하며 사람들의 삶을 변화시키고 도움이 필요한 이들을 돕는 펠로우십이 이루어지는 곳이라면, 우리는 어떠한가?

우리는 이 기준을 따르고 있는가? 많은 사람이 다양한 이유 때문에 울고 있다. 많은 사람에게 도움이 필요하다.

우는 이들의 소리가 들리는가?
상처 받은 이들의 소리가 들리는가?
도움이 필요한 이들의 소리가 들리는가?
아니면,
당신 자신의 울음 소리만 들리는가?
당신의 상처만 보이는가?
당신만 도움이 필요하다고 생각하는가?
왜 당신을 돕는 이들이 없는지 궁금한가?

보통 아빠는 잠을 자기 바빠도 엄마는 아이의 울음 소리를 언제나 듣는다. 여자가 남자보다 더 잘 듣기 때문이 아니라, 엄마에게 아이를 돌보는 일이 중요하기 때문이다.

주 예수 그리스도께 초점을 맞추라. 그리스도의 마음으로 무엇이 중요한지 다시 생각하고 들어 보라. 그러면 모두 들을 수 있다. 당신이 듣는 것은 당신에게 중요한 것이 무엇인지에 달렸다.

티모는 도움이 필요했다. 제이슨과 티모는 처음에는 서로를 좋아하지 않았고, 제이슨에게 자신의 자아보다 중요한 것은 없었다. 그러나 새 코치는 평소 규율의 중요성과 서로를 용납하는 것이 얼마나 중요한지를 가르쳤다. 그리고 한 사람이 실패하면 모두가 실패한 것이고, 한 사람이 성공하면 모두의 성공이라는 사실을 알려 주었다.

제이슨은 버림받은 동료의 울음 소리를 들었다. 제이슨과 팀원들은 펠로우십의 진정한 의미를 배웠다. 함께 먹고, 함께 운동하고, 함께 실패하고, 함께 성공하고, 함께 사랑하며 서로를 용서하는 법을 배웠다.

바로 지금, 우리에게도 제이슨이 필요하다. 우리 앞에 티모가 있다. 당신은 어떤 선택을 할 것인가? 하나님이 바라시는 것은 "제가 저 사람을 위해 팔 굽혀 펴기를 하겠습니다!"라는 대답이다. 예수님의 핵심은 "그럼, 제가 그들을 위해 죽겠습니다"였다.

||||||||||||||||||||||||

네 손이 선을 베풀 힘이 있거든
마땅히 받을 자에게 베풀기를 아끼지 말며 잠 3:27

지혜를 배우는 나눔 질문

Q1 나에게는 남의 울음 소리가 들리는가, 아니면 나 자신의 울음 소리만 들리는가?

Q2 진정한 펠로우십을 이루는 데 기꺼이 능동적으로 참여한 적이 있는가?

고난 중에
미소 지으라

—

나도 대부분의 사람들처럼 사진 찍기를 즐긴다. 사진은 순간을 포착하고 추억을 안겨 주기 때문이다. 그래서 행복할 때, 특별한 장소에 있을 때, 그리고 소중한 이들과 함께할 때 사진을 찍곤한다. 모두 그 순간을 오랫동안 간직하기 위함이다.

하지만 주님은 다른 의미로 우리를 촬영하신다. 우리를 성장시키시기 위해, 우리에게 삶의 의미와 교훈을 주시기 위해서다. 따라서 하나님은 우리가 행복하고 특별한 장소에 있을 때뿐만 아니라 고통받는 장소, 원하지 않은 공간에 놓여 있을 때조차 우리를 찍기 위해 카메라의 셔터를 누르신다.

매일 걸어서 등교하는 한 초등학생이 있었다. 어느 날 아침, 날씨가 험하고 먹구름이 몰려들었지만, 소녀는 늘 그러하듯 걸어서 학교에 갔다. 오후가 되자 천둥과 번개를 동반한 궂은 날씨가 시작되었다. 소녀의 어머니는 집에 걸어올 딸이 험한 날씨 때문에 겁을 먹을까 봐 걱정되기 시작했다. 폭풍우에 아이가 다치기라도 하면 어쩌나 싶은 염려도 들었다.

이윽고 칼날처럼 하늘을 찢는 듯 천둥과 번개가 몰아쳤다. 걱정으로 가득 찬 어머니는 차를 몰아 딸의 학교로 향했다. 그러다가 길을 따라 걸어오는 딸아이를 발견했다. 하지만 매번 번개가 내리치는 순간마다 딸아이는 발걸음을 멈추고 번쩍이는 번갯불을 향해 미소를 짓는 것이 아닌가!

어머니는 차창을 내리고 딸아이를 불러 세웠다.

"빨리 오지 않고 뭐 하니? 왜 번개가 칠 때마다 자꾸 멈춰 서는 거야?"

그러자 딸아이는 순진무구하게 답했다.

"엄마, 전 예쁘게 미소 짓는 중이에요. 하나님이 제 사진을 계속 찍으시잖아요."

인생에 번개가 번쩍일 때 미소 지으라. 주님이 당신의 사진을 찍고 계신다. 주님은 우리가 인생의 번개를 두려워해 숨지 않고 미소 짓기를 원하신다. 주님은 인생의 번개가 무서워 도망치는 우리의 모습이 아닌, 당당히 마주하는 모습을 보고 싶어 하신다. 주님은 우리가 그 순간에 주목하기를 원하신다.

주님은 우리에게 축복과 성장의 길을 보여 주시기 위해, 그리고 인생에 대해 하나씩 가르치시기 위해 우리의 인생에 번개를 주신다. 그러므로 우리의 인생에 번개가 번쩍일 때 우리가 미소 지으면 주님도 미소로 답하실 것이다.

삶은 테러와 재난, 질병, 관계의 단절, 재정적인 어려움 등 폭풍으로 가득하다. 폭풍은 이해가 되지 않는다. 설명할 수도 없다. 테러, 자연재해, 교통사고, 해양사고, 화재, 폭발 등으로 하루에도 수많은 사람이 목숨을 잃고 있다. 수백만 명의 사람들이 불치병과 뇌졸중을 앓고 있다. 인간관계가 단절되거나 재정적인 어려움에 놓인 이들은 그보다 훨씬 더 많다.

많은 사람이 고통은 환경으로부터 온다고 생각한다. 만일 그렇다면 고통을 피할 길이 있다. 환경을 바꾸면 된다. 나도 그렇게 생각해 시도해 보았다. 하지만 소용이 없었다.

그런 우리에게 하나님은 다른 시각을 가지라고 말씀하신다. 세상은 평화가 '무엇인가가 없는 상태'(absence of something)라고 생각한다. 전쟁이 없는 세상, 아픔이 없는 세상, 병이 없는 세상, 나를 힘들게 하는 누군가가 없는 세상이 되면 내 삶에 평화가 올 것이라고 생각한다. 하지만 하나님 나라의 평화는 '누군가의 임재'(presence of someone)를 말한다. 그분은 바로 성령님이시다. 성령 충만이 바로 하나님 나라의 평화다.

성령이 너희에게 임하시면 너희가 권능을 받고 행 1:8

우리 가운데 계신 성령님은 우리가 일할 수 있도록 도우신다. 성령님은 방망이와 같으시다. 야구공을 하늘 높이 날려 보내기 위해서는 방망이로 공을 쳐야 한다. 공이 멍이 든다. 방망이는 멍든 공을 쳐서 하늘 높이 날려 보낸다. 그때 사람들은 열광하며 영광이 드러난다.

나는 멍들었다. 상처받았다. 그러나 나는 성령의 능력이 나의 멍든 심장을 쳐서 하늘 높이 날려 보내고 하나님의 영광을 드러냈음을 기억한다. 그래서 나는 고통 중에 있는 당신을 격려하고 싶다. 환경을 바꾸려 노력하지 말고 성령님을 의지하라. 성령님이 당신의 멍든 인생을 높이 쳐 올려서 사람들에게 하나님의 영광을 보이실 것이다. 바로 거기에 당신이 소명이 있다.

바울은 위대한 믿음을 가졌다. 그뿐 아니라 하나님이 함께하셨기에 많은 병자를 치료하는 큰 능력을 발휘했다. 그러나 바울에게는 고통이 끊이지 않았다. 그런 그는 자신을 괴롭히는 고통의 문제를 없애기 위해 성령의 능력을 사용하지 않았다. 그의 멍든 인생은 주님이 허락하신 것이었기 때문이다.

> 그가 내 이름을 위하여 얼마나 고난을 받아야 할 것을 내가 그에게 보이리라 행 9:16

최근 형님이 돌아가셨다. 나는 예상했던 것보다 훨씬 더 힘들었다. 일에 집중할 수가 없어서 정처 없이 몇 시간씩 걷기도 했다. 나는 형님이 겪었던 고통을 안다. 형님은 만성 우울증과 편집증으로 고통받았다. 그 자신은 결코 인정하지 않았던 조울증도 심했다. 그런 형님을 보는 나 역시 고통스러웠다.

형님은 훌륭한 사람이었다. 대통령 전용기의 커뮤니케이션 시스템을 디자인한 미국 최고의 공학 전문가였다. 나와는 달리 학교 성적도 좋았다. A학점을 따는 것이 형님에게는 너무 쉬워 보였다. 그랬던 형님의 마지막 모습은 많은 사람을 슬픔에 빠뜨렸다. 형님의 죽음을 이해할 수 없었던 나는 직원들에게 이렇게 나의 심정을 전했다.

—— 직원 여러분,

아시는 것처럼 지난 화요일에 저는 만성 우울증과 편집증으로 형님을 잃었습니다. 수년간 그런 상태의 형님을 보는 것은 매우 고통스러웠고, 저는 왜 우리가 고통받아야 하는지에 대해 의문스러웠습니다. 바울의 개종에 대한 사도행전 9장을 묵상하면서 저는 하나님이 그분의 손으로 바울을 하나님의 도구로 선택하셨을 때 이렇게 말씀하신 것을 기억했습니다.

그가 내 이름을 위하여 얼마나 고난을 받아야 할 것을 내가 그에게 보이리라행 9:16

저는 고난을 인정하고 싶지 않았습니다. 하지만 형님을 잃고 슬퍼하던 중 아들을 잃은 릭 워렌 목사님의 "당신의 가장 위대한 사역은 당신의 가장 깊은 상처 혹은 고통에서 나오는 것이다"라는 말씀을 통해 위로받았습니다. 베드로전서 2장 21절도 예수님이 사역을 하실 때 겪은 고통에 대해 말하고 있습니다.

이를 위하여 너희가 부르심을 받았으니 그리스도도 너희를 위하여 고난을 받으사 너희에게 본을 끼쳐 그 자취를 따라오게 하려 하셨느니라 벧전 2:21

그러므로 저는 이제 이 찬양을 부를 수 있습니다.

내 평생에 가는 길 순탄하여 늘 잔잔한 강 같든지 / 큰 풍파로 무섭고 어렵든지 나의 영혼은 늘 편하다 / 내 영혼 평안해 내 영혼 평안해 / 내 영혼 내 영혼 평안해 새찬송가 413장

염려와 기도에 감사드립니다.

나는 "그가 내 이름을 위하여 얼마나 고난을 받아야 할 것을 내가 그에게 보이리라"(행 9:16)라는 말씀과 '고통'(suffering)이라는 단어를 좋아하지 않았다. 받아들이고 싶지 않아 의도적으로 두 번이나 이 말씀을 건너뛴 적이 있다. 왜냐하면 원하지 않는 고통스런 기억이나 경험이 떠오르기 때문이다. 나의 여동생은 30대 중반이라는 한창 나이에 위암으로 세상을 떠났다. 당시 미혼이었던 여동생은 한국의 대학병원에서 의사로 일하고 있었고, 가족에게 웃음과 희망과 기쁨을 주는 존재였다. 여동생의 죽음은

나를 큰 슬픔으로 몰아넣었다. 그 기억도 감당하기 힘든데, 형님까지 잃는 고통을 당한 것이다.

그런 나를 위해 가족들이 기도를 해 주었다. 아내와 딸의 뜨거운 기도는 나에게 큰 위로와 회복을 주는 힘이 되었다. 그 후 이 말씀은 더 이상 내게 낯설게 다가오지 않았다. 오히려 이제 나의 특권이 되었다! 나를 위해서가 아닌 주님의 이름을 위해, 그분의 영광을 위해 고통받을 수 있다는 축복이 되었다.

아내가 그 무렵 한국에 도착해 장인어른의 건강이 좋지 않다고 알려 왔다.

"아버지 건강 상태가 갈수록 안 좋아져요. 혼자 서실 수도 없어요. 어머니가 이틀에 한 번씩 오세요. 82세이신 어머니가 대중교통으로 왔다 갔다 하시는 일은 너무 힘들어 보여요. 삶이란 결코 쉽지가 않네요."

그리고 아내는 내가 어떻게 지내는지도 궁금해했다. 아내는 나를 무척이나 걱정했지만 "주님께 집중하기로 해요. 우리의 도움은 땅과 하늘을 지으신 창조주께로부터 오니까요. 사랑해요, 나의 충실한 남편!"이라고 말해 주었다. 아, 충실한 남편이라니! 나는 기분이 아주 좋아졌다. 이내 답장을 썼다.

"하나님은 우리가 고난 중에도 즐거워할 수 있는 능력을 주신다오. 왜냐하면 고난은 끝이 아니라 새로운 계시의 시작이기 때문이라오."

우리는 고난 중에도 참고 기뻐한다. 왜냐하면 고난이 소망을 낳기 때문이다.

> 다만 이뿐 아니라 우리가 환난 중에도 즐거워하나니 이는 환난은 인내를, 인내는 연단을, 연단은 소망을 이루는 줄 앎이로다 소망이 우리를 부끄럽게 하지 아니함은 우리에게 주신 성령으로 말미암아 하나님의 사랑이 우리 마음에 부은 바 됨이니
>
> 롬 5:3-5

원하지 않은 일이 발생한 상황에서도 미소 지으라. 이는 주님이 우리를 성장시키시기 위함이다.

인생에 천둥소리가 들려올 때도 미소 지으라. 주님이 우리에게 교훈을 주시기 위함이다.

인생에 번개가 내리쳐도 미소 지으라. 주님이 우리를 지켜보신다.

걱정하지 말고, 두려워하지 말고, 언제나 미소 지을지어다.

예수님이 십자가에서 같이 고통스러워하는 죄인을 보고 "오늘 네가 나와 함께 낙원에 있으리라"(눅 23:43) 하셨을 때 나는 예수님의 얼굴에 미소가 있었을 것이라고 확신한다.

||||||||||||||||||||||||

마음이 평안하면 육신도 건강하나
시기하면 뼈마디가 썩는다 잠 14:30, 현대인의성경

지혜를 배우는 나눔 질문

Q1 나는 고난 가운데 있는가? 그 고난 가운데 미소 지을 수 있는 지혜가 있는가?

Q2 고난 가운데 성령님의 위로를 경험한 적이 있는가? 그 경험을 나누어 보라.

격려의
힘

나에게도 한때 자신감 없이 헤매던 시절이 있었다. 12살이 되던 해 미국에 건너와 영어 단어 하나도 모르는 채 중학교에 입학했을 때다. 나에게 무엇보다 괴로웠던 순간은 책을 읽은 후 친구들 앞에 나가 소감을 발표할 때였다. 영어를 못하는 데다가 마침 사춘기까지 찾아와 부쩍 부끄러움이 많아졌는데, 내가 이상한 발음으로 발표할 때마다 여학생들이 낄낄거렸다. 그때마다 나의 자신감은 바닥으로 떨어졌다. 당시 12살 사춘기 소년이었던 내게 그 상황은 죽기보다 싫었다.

고등학교를 졸업할 때까지 나는 자신감이 없어 여학생들과 데이트 한 번 못하고 지냈다. 부끄러움도 많이 탔고, 말수도 거의 없었다.

그러던 내게 한 줄기 햇살처럼 인생의 전환점이 찾아왔다. 고등학교 졸업반 마지막 수업 시간이었다. 학기 마지막 날이라 선생님은 평소처럼 수업을 진행하기보다는 그저 가벼운 인생 이야기를 나누며 시간을 보내자고 하셨다. 그때 평소 잘난 척을 곧잘 하고 공부도 꽤 잘하는 남학생이 엉뚱하게도 이런 질문을 했다.

"선생님, 우리 중에서 나중에 가장 크게 성공할 학생이 누구라고 생각하십니까?"

자긍심이 무척 강한 그는 선생님이 당연히 자기를 지명할 줄 알았던 것 같다. 선생님은 천천히 고개를 돌리며 모든 학생과 눈을 맞춘 후 손을 들어 놀랍게도 나를 가리키셨다! 선생님의 그 몸짓 하나로 바닥이던 나의 자신감이 하늘 위로 솟아올랐다. 선생님의 단 한 번의 지명이 오늘의 나를 만들었다 해도 과언이 아니다.

이 일을 계기로 내가 얻은 삶의 열매는, 사람들을 가르칠 때 잘못을 지적하는 것도 중요하지만 더 중요한 것은 바로 '아낌없는 격려'라는 것이다. 이후 나는 격려의 힘을 믿고 언제나 나보다 어린 이들을 사랑으로 격려해 주고자 했다. 모두 잘되리라고, 성공할 것이라고, 사랑받고 사랑할 수 있을 것이라고, 용서받을 수 있고 용서할 수 있을 것이라고….

얼마 전 한국 여행을 마치고 집에 돌아왔을 때다. 나의 작은딸은 나와 함께 미국에서 생활하고 있지만 한국에도 친구들이 많이 있다. 그래서 나는 매번 한국을 방문할 때마다 아무리 일정이 바쁘더라도 딸아이의 친구들과 함께하는 시간을 갖고자 노력한다. 이번에도 마찬가지였다.

그날 작은딸은 곰탕을 끓여 놓고 나를 반기며 함께 영화를 보고 싶어 했다. 그 영화는 이미 본 것이었고, 나는 한국에서의 빡빡한 일정과 장거리 여행으로 탈진한 상태였다. 그럼에도 불구하고, 딸아이를 격려하고 실망시키지 않기 위해 함께 영화를 보았다. 나는 같은 영화를 두 번째 보면서, 한국에 있는 딸아이의 친구들에게 다음과 같은 메시지를 보냈다.

—— 다들 안녕! 너희들 덕분에 여행을 잘 마치고 무사히 집에 돌아왔단다. 집에 돌아오니 줄리아나가 내게 곰탕을 끓여 주었는데, 그것은 바쁜 일정과 장거리 비행을 마친 나에게 꼭 필

요한 음식이었어.

무엇보다 이번 한국 여행에서 너희가 나를 반겨 주고 나와 함께해 주어 이 여행을 특별하게 만들어 주었다는 사실을 알려 주고 싶구나. 이번에 너희와 함께 시간을 보내며, 너희가 내 가족만큼이나 소중하다는 것을 알게 되었단다. 모두 참으로 고맙다.

재희야, 너의 단결력에; 진경아, 네가 보여 준 에너지에; 정은아, 하나로 뭉치게 해 줘서; 다혜야, 너의 통찰력에; 춘미야, 너의 묵묵함과 인내심에; 아라야, 너의 든든함에; 조앤아, 너의 유머와 협동심에; 은혜야, 네가 우리에게 주는 기쁨에; 인경아, 네가 사람들에게 주는 평안함에; 그리고 나의 큰딸 크리스티나, 모든 일에 솔선수범할 줄 아는 너의 능력에 나는 감사한다.

너희 모두는 이처럼 각자 어마어마한 재능을 가지고 있단다. 너희가 이 재능들을 하나로 합치면 실제로 더 큰 결과를 만들어 낼 수 있다는 것을 기억하렴.

참, 내가 작은딸 줄리아나를 언급하는 것을 잊었구나. 줄리아나, 너의 사랑스러움과 아름다운 마음으로 이 친구들의 모임을 이끌어 주어 참으로 고맙구나. 너는 우리 모두에게 영감을 주는 소중한 존재란다.

성경은 곳곳에서 우리에게 격려의 힘을 일깨워 준다.

그러므로 피차 권면하고 서로 덕을 세우기를 너희가 하는 것같
이 하라 살전 5:11

서로 돌아보아 사랑과 선행을 격려하며 히 10:24

참되고 따뜻한 격려의 말들은 십자가에서 나온다. 예수님은
우리를 위해 자신의 모든 삶을 희생하신 후 십자가상에서 "다 이
루었다"(요 19:30), "아버지 저들을 사하여 주옵소서 자기들이 하
는 것을 알지 못함이니이다"(눅 23:34), "오늘 네가 나와 함께 낙원
에 있으리라"(눅 23:43) 말씀하시며 우리를 격려하셨다.

오늘 우리의 삶에서 우러나온 진실된 격려가 역경 속에 놓인
이들의 삶에 값진 열매를 가져다주는 씨앗이 된다는 사실을 기
억하자.

||||||||||||||||||||||||||

마음이 지혜로운 자는 총명하다는 말을 듣고
호감을 주는 말은 설득력을 불러일으킨다 잠 16:21, 현대인의성경

164

지혜를 배우는 나눔 질문

Q1 내가 받은 최고의 격려는 무엇인가?

Q2 오늘 나의 격려가 필요한 사람은 누구인가? 오늘 안에 격려를 실천하는
지혜가 있기를 바란다.

충만한
삶을 살라

—

한 남자가 해변가를 걷다가 거친 형태를 한 배낭을 하나 발견했다. 배낭 안을 열어 보니 수백 개의 진흙 공들로 가득 차 있었다. 하지만 단지 보잘것없고 오래된 진흙 뭉치들처럼 보였기에 그는 무심코 하나씩 집어 저 멀리 바다로 내던졌다.

대부분의 공을 내던진 후 그는 우연찮게 진흙 공 하나를 떨어뜨렸다. 떨어진 진흙 공에 금이 가자 열린 틈새로 아름답고 진귀한 보석이 보였다! 그는 잔뜩 흥분한 상태로 남아 있는 진흙 공들을 하나씩 열어 보기 시작했다. 아니나 다를까, 각각의 공들마다 보물로 가득했다. 그는 자신이 수천 달러 상당의 보석을 얻게 되었다는 사실을 깨달았다. 그리고 그제야 지금까지 내던져 버린 수많은 공이 뇌리를 스쳤다. 수천 달러 대신 수십억 재산을 가질 수 있었건만, 그는 진흙 공의 가치를 알지 못했기에 대부분을 무턱대고 바다로 던져 버렸던 것이다.

슬프게도, 우리의 삶도 이와 같다. 우리는 우리 자신을 보며 우리가 무엇을 갖고 있는지 안다고 여긴다. 만약 흘깃 보아 그다지 좋아 보이지 않으면 쉽게 내팽개쳐 버린다. 그리고 나중에서야, 아니면 뒤늦게야 우리가 내쳐 버린 것들이 주님이 우리로 하여금 충만한 삶을 살게 하려고 준비해 두신 것임을 깨닫고 아쉬워한다. 안타깝게도, 우리는 이미 수많은 보석을 던져 버렸다.

주님은 우리에게 순수함을 주셨다. 하지만 우리는 타락에 빠져 순수함을 던져 버렸다.

주님은 우리에게 삶 속에서 서로 의존할 수 있는 소중한 이들을 주셨다. 하지만 우리는 "나 혼자 할 수 있어!"라고 말하고는 그들을 내팽개쳐 버렸다.

주님은 우리에게 수많은 기회를 주셨다. 하지만 우리는 기회를 아무렇게나 흘려버렸다.

주님은 우리에게 정직을 주셨다. 하지만 정직은 우리가 가장 먼저 버린 것이다.

주님은 우리에게 청렴을 주셨다. 하지만 우리는 거짓을 말함으로써 청렴을 소홀히 여겼다.

주님은 우리에게 존엄성을 주셨다. 하지만 우리는 거짓 맹세와 분노로 일관함으로써 존엄성을 버려 버렸다.

주님은 우리에게 용서할 수 있는 능력을 주셨다. 하지만 우리는 좀처럼 기억하지 못한다. 우리가 얼마나 자주 존귀한 용서가 담긴 진흙 공들을 던져 버리는지를….

매번 우리는 우리가 해야 할 사과의 말을 하지 않음으로써 우리의 품성을 내팽개친다.

매번 우리는 다른 사람들의 등 뒤에서 그들에 대해 쑥덕거리면서 우리의 우정을 값싸게 만든다.

매번 우리는 불평함으로써 주님의 축복을 내처 버린다.

매번 주님이 우리에게 주신 모든 것을 가벼이 내팽개칠 때마다 우리는 충만한 삶을 살 수 있는 기회를 내던지는 것이다.

매번 우리가 별 볼 일 없어 보이는 우리 인생의 진흙 공들을 던져 버릴 때마다 우리는 주님께 받은 선물을 던져 버리는 것이다.

매번 우리가 진흙 공 안에 담긴 아름다운 보석을 보지 못할 때마다 우리는 우리가 그토록 간절히 원하는 충만한 삶을 버려 버리는 것이다.

예수님은 우리로 하여금 생명을 풍성히 얻게 하려고 이 땅에 오신 선한 목자다. 반면 사탄은 누구인가? 예수님이 대조해서 설명하셨듯이, 그는 우리로 하여금 주님이 주신 선물들의 가치를 모르는 채 내팽개쳐 버리게 만드는 악한 자다.

> 도둑이 오는 것은 도둑질하고 죽이고 멸망시키려는 것뿐이요 내가 온 것은 양으로 생명을 얻게 하고 더 풍성히 얻게 하려는 것이라 요 10:10

이처럼 우리가 사는 세상에는 선과 악이 공존하고 있다. 그렇다면 선과 악 사이에서 우리는 무엇을 선택해야 하는가? 주님이 약속하신 충만한 삶을 내던지지 않기를 선택하라.

얼마 전에 모르는 사람에게서 한 통의 이메일을 받았다. 제니라는 여인이었는데, KBS TV에 방영된 프로그램을 통해 나를 보고는 2년 전에 편지를 쓰고 싶었다고 했다. 그리고 때때로 우리 회사 홈페이지에 들어와서 회사의 사명서(Mission Statement)를 읽어 보고 우리가 하는 일을 계속하도록 중보 기도를 했다고 말했다. 또한 내가 선한목자교회에서 설교하는 영상을 보고 그리스도인이라는 사실에 용기를 얻었다고 했다. 다음은 그녀의 이야기를 요약한 것이다.

제니는 37세이며, 3년 반 동안 독일에서 살았다. 영어는 한국에서 배웠고, 간호사가 되기 위해 독일로 왔다. 그녀는 26년간 교회에 헌신했다. 사실상 교회에 살다시피 했다. 그러나 6년간 영적으로 허우적거렸다. 현재 그녀는 직장이 없고 한국으로 돌아가야 할지도 모르는 상황이다. 가족도 없고, 남편도 없고, 교제하는 사람도 없다. 제니는 자신이 30대 중반의 여성으로서 인내심을 잃었고 우울하다고 했다.

제니는 하나님이 뭐라고 말씀하시든 믿고 그분께 문제를 맡길 준비가 되어 있었다. 그러나 하나님의 음성이 들리지 않았다. 따라서 무엇을 해야 하는지도 몰랐다. 그녀는 어떤 자세(또는 방법)가 하나님의 음성을 듣는 데 도움이 되는지를 알고 싶어 했다. 그리고 왕이시며 모든 것을 아시는 하나님이 그분의 음성을 듣는 방법을 알려 주시기를 원했다.

제니는 "조언을 부탁드립니다. 답장을 주지 않으시더라도 목사님을 위해 계속 기도하겠습니다"라고 하며 글을 맺었다.

나는 그녀에게 답장을 보냈다.

── 사도행전 12장에는 바나바라는 사람이 나옵니다. 성경은 "바나바는 착한 사람이요 성령과 믿음이 충만한 사람이라"(행 11:24)라고 말합니다.

때때로 믿는 사람으로서 우리는 '성령님'의 임재를 기다립니다. 우리는 성령님을 통해 치유받기를 원하고, 성령님을 통해 듣기를 원하며, 성령 받기를 원합니다. 그리고 그래야 합니다. 하나님은 그렇게 하십니다. 성령님은 어디에나 계십니다. 성령님은 언제나 우리와 함께 계십니다.

그러나 우리가 성령님의 능력과 역사를 경험하기 위해서는 '믿음'이 필요합니다. 우리는 믿음과 관계없이 성령의 능력을 체험할 수 없습니다. 성령님은 하나님이시고, 믿음은 대체로 인간에 대한 것입니다. 믿음은 즉각적인 결과에 대한 것이 아닙니다. 믿음이란 '하나님은 하나님을 사랑하고 그분의 목적에 따라 부르심을 받은 이들과 함께 일하기 위해 그들에게 모든 것을 더하신다는 사실을 아는 것'입니다. 믿음은 '모든 것이 우리를 향한 하나님의 목적을 위한 것임을 아는 것'입니다.

만약 우리가 박해를 받는다면 이 역시 우리를 향한 하나님의 목적을 위한 것입니다. 만약 우리가 거절을 당한다면 그것 역시 우리를 향한 하나님의 목적을 위한 것입니다. 제가 심장 이식 수술을 받은 것 역시 나를 위한 그분의 목적 때문입니다. 물론 이로 인해 아프고 고통스러웠을 때 저는 하나님께 의문을 가졌고, 분노했습니다. 그러나 돌아보면 그것 역시 하나님의 계획 안에 있었습니다. 하나님에 대한 믿음이 우리로 그것을 보게 합니다.

성경은 첫째로, "네 마음을 다하고 목숨을 다하고 뜻을 다하여 주 너의 하나님을 사랑하라"(마 22:37)라고 말합니다. 둘째로, "네 이웃을 네 자신같이 사랑하라"(마 22:39)라고 말합니다. 믿는 사람들은 때때로 (산을 옮길 만한 믿음으로) 하나님을 사랑하지만, 이웃을 사랑하는 일에는 실패합니다.

제니, 당신은 하나님의 음성 듣기를 원합니다. 저는 경험을 통해, 그리고 우리가 어떻게 서로를 사랑해야 하는지에 대해 성경이 말하는 대로, 하나님은 우리가 사랑하는 사람들을 통해 말씀하신다는 것을 배웠습니다. 만약 우리 주위에 사람이 없다면 성령께서는 우리와 소통하실 수 있는 어떤 수단도 없게됩니다. 하나님은 우리의 이웃을 통해 그분의 음성을 우리에게 들려주십니다. 이웃을 사랑하십시오.

예를 들어, 당신이 직장을 구할 때 직장을 구할 기회는 어디에서 옵니까? 하나님은 당신 주위의 사람들을 통해 당신이 듣도록 하십니다. 만약 당신이 이성과 교제하기를 원한다면 그 도움은 어디에서 옵니까? 당신이 사랑하는 주위 사람들로부터 옵니다. 당신의 삶을 위한 거룩한 조언은 어디에서 옵니까? 하나님은 당신 주위의 사람들을 통해 조언을 주십니다.

가서 이웃을 사랑하십시오. 주 안에서 믿음으로 승리하시길 기원합니다.

내가 보낸 이메일에 제니는 "다시 힘을 얻었습니다"라는 답장을 보내 왔다.

하나님이 주신 충만한 삶을 누리기 위해 이미 하나님이 주신 것들을 세어 보라. 순수함, 소중한 사람들, 기회, 정직, 청렴, 존엄성, 용서할 수 있는 능력 등 수많은 보석이 진흙 뭉치에 묻혀 배낭에 들어 있다. 내팽개친 후 뒤늦게 후회하기 전에 하나하나 꺼내서 소유하라. 하나님이 예비하신 충만한 삶이 시작될 것이다.

|||||||||||||||||||||||||||

마음의 즐거움은 좋은 약이 되어도
마음의 근심은 뼈를 마르게 한다 잠 17:22, 현대인의성경

지혜를 배우는 나눔 질문

Q1 내가 진흙 묻은 공인 줄 알고 내던진 것은 무엇인가? 이제 다시 찾을 기회가 주어진다면 그것을 얻기 위해 어떤 노력을 하겠는가?

Q2 제니의 고민과 저자의 답변을 통해 내가 깨달은 것은 무엇인가?

오늘의 고통은
내일의 씨앗

인생은 언제나 우리에게 또 다른 시작을 꿈꾸게 한다. 시작이란 두려움과 고통을 저 멀리 떨쳐버리고 새롭게 꿈꿀 수 있게 하는, 참으로 좋은 기회다.

"고통 중에 놓여 있을 때 어떤 이들은 목발을 구입하지만, 어떤 이들은 날아오를 날개를 펼친다"라는 말이 있다. 새롭게 시작한다고 해서 우리가 안고 있는 고민들이 저절로 해결되는 것은 아니다. 또한 우리의 근심, 걱정이 사라지는 것도 아니다. 하지만 시작은 분명 우리에게 새로운 기회를 준다. 그것은 바로 선택의 기회다. 지금은 목발이 아닌, 더 높이 날아오를 수 있는 날개를 선택할 때다.

새로운 시작은 우리의 걱정거리들이 보다 나은 미래를 위한 자양분이 될 수 있음을 깨닫는 시기다. 시작은 지금 우리가 지닌 고통이 내일의 꽃과 열매로 피어날 수 있음을 인식하는 시간이다. 그러므로 잘 시작할 수 있는 방법은 지금 우리의 근심, 걱정이 보다 나은 미래를 위한 씨앗이라는 사실을 인지하고 더 나은 삶의 방향을 찾는 것이다.

어느 날 한 여성이 쇼핑몰 계산대에서 예수님과 마주쳤다. 예수님은 그녀에게 "당신이 원하는 모든 것을 가질 수 있습니다"라고 말씀하셨다. 그러자 그녀는 기쁘고 놀라운 마음으로 답했다.

"이 세상의 두려움에서 벗어나 평화, 기쁨, 행복, 지혜, 그리고 자유를 갖기 원합니다."

아울러 그녀는 "제 소원은 그저 저 자신만을 위한 것이 아니라 온 세상을 위한 것입니다"라는 점을 자랑스럽게 강조했다. 이에 예수님은 미소를 띠신 채 말씀하셨다.

"이런, 오해가 좀 있는 것 같군요. 우리 가게에서는 열매들이 아닌 오직 씨앗들만을 판매한답니다."

만약 지금 힘겨운 시간을 겪고 있다면, 이 역경이 하나님이 우리를 한 송이 아름다운 꽃으로 활짝 피우기 위해 특별히 준비하신 씨앗이라는 사실을 깨닫기 바란다.

나는 주치의로부터 심장 이식 수술을 선고받았을 때 삶의 평화나 즐거움을 놓치고, 두려움의 끝자락에 놓여 사고의 자유마저 잃고 말았다. 고통이 삶의 날개가 될 수 있다는 지혜를 떠올리기는커녕, 평생 심장 이상이라는 무거운 짐을 짊어진 채 이식된 심장으로 목발을 짚듯 위태롭게 살아가야 한다는 절망에 몸부림쳤다.

그러던 어느 날, 내일의 모든 꽃은 사실 오늘의 씨앗에서 비롯됨을 깨달았다. 또한 주님이 내게 보다 풍성한 꽃과 열매를 주시기 위해 그러한 고통의 씨앗을 안겨 주셨음을 알게 되었다. 열매에는 한계가 있지만 주님이 주시는 씨앗에는 무한한 풍성함이 있다는 점도 더불어 깨닫게 되었다.

모든 꽃과 열매가 씨앗으로부터 나오듯, 삶의 결실도 우리 인생의 다양한 경험으로부터 나온다. 그러므로 오늘의 고통과 근심은 우리의 삶을 풍요롭게 하며 내일을 위한 희망의 씨앗이 된다. 이는 마치 예수님이 십자가에 못 박혀 돌아가심이 우리 영생의 씨앗이 된 것과 같다.

> 하나님이 세상을 이처럼 사랑하사 독생자를 주셨으니 이는 그를 믿는 자마다 멸망하지 않고 영생을 얻게 하려 하심이라
>
> 요 3:16

만약 지금 고통 가운에 놓여 있다면, 그것은 바로 당신이 희망의 씨앗을 쥐고 있는 것임을 기억하기 바란다. 그때 주님이 당신과 함께하신다는 것도 잊지 않기를 바란다. 새로운 시작을 앞두고 근심, 걱정을 떨쳐버리고 새 마음가짐을 다잡듯, 지금의 고통을 보다 나은 미래를 위한 희망의 씨앗으로 만들기를 선택하라.

4명의 아들들을 가진 남자가 있었다. 그는 아들들이 너무 빨리 판단하지 않는 방법을 배우기를 바랐다. 그래서 아들들을 차례로 보내 매우 멀리 떨어진 배나무를 보고 오게 했다. 첫째 아들은 겨울에 출발했고, 둘째는 봄에, 그리고 셋째와 넷째는 각각 여름과 가을에 길을 나섰다. 아들들이 돌아오자 아버지는 모두를 불러 모아 그들이 본 것을 설명하도록 했다.

첫째 아들: "나무는 추하고 휘어져 뒤틀려 있었어요."

둘째 아들: "아니요. 나무에는 꽃이 가득 피었고, 나무는 향기로웠으며 매우 아름다웠어요. 제가 본 것 중에 가장 우아했어요."

셋째 아들: "그렇지 않아요. 나무는 초록색의 희망으로 가득했어요."

막내 아들: "아닌데요, 제가 본 나무는 원숙하여 열매를 맺었고, 생명과 충만함으로 가득했어요."

아버지는 아들들에게 모두 맞는 말이라고 했다. 왜냐하면 아들들은 모두 나무의 특정 계절의 모습만 보았기 때문이다. 아버지는 아들들에게 나무 또는 사람은 겨우 한 계절로 판단할 수 없다고 설명해 주었다. 누가 어떤 사람인지 그 본질에 대해서는, 그리고 삶의 즐거움과 기쁨, 사랑에 대해서는 모든 계절이 지난 뒤에야 평가할 수 있다고 말이다. 겨울에 포기하면 봄의 약속을 놓치게 된다. 봄에 포기하면 여름의 싱그러움과 가을의 충만함을 놓치게 된다. 그러므로 한 계절의 고통이 나머지 계절의 기쁨을 파괴하지 않도록 하라. 어려운 한 계절로 삶 전체를 평가하지 말라. 어려운 때를 잘 견디면 더 좋은 날은 반드시 온다. 고통의 수고는 미래의 희망을 주는 예수님의 핵심이다.

||||||||||||||||||||||||||
모든 수고에는 이익이 있어도
입술의 말은 궁핍을 이룰 뿐이니라 잠 14:23

지혜를 배우는 나눔 질문

Q1 나에게 닥친 어려움이 있는가? 그것이 미래의 풍성한 결실을 약속하는 씨앗이라고 생각되는가?

Q2 봄이 오기 전에 포기하려고 한 것은 무엇인가?

I

WIS
DO
W31
M

PART 3

성경대로

다르게
행동하기

나를 비우고
상대로 채우기

—

나는 아내 외에는 사랑에 빠져 본 적이 없다. 사랑에 빠지면서 나는 하지 않던 행동을 하기 시작했다. 결혼 전 데이트를 할 때였다. 일을 늦게까지 하고 난 뒤에도 나는 전혀 피곤하지 않았다. 내게는 여전히 아내를 위해 비워 둔 시간과 힘이 있었다. 아내가 요청하는 것이라면 뭐든지 기쁘게 해 낼 수 있는 사람이 바로 나였다.

"와서 도와줄래요?"

"물론이지!"

"와서 치워 줄래요?"

"물론이지!"

> 그러므로 어디서 떨어졌는지를 생각하고 회개하여 처음 행위
> 를 가지라 만일 그리하지 아니하고 회개하지 아니하면 내가 네
> 게 가서 네 촛대를 그 자리에서 옮기리라 계 2:5

하나님은 당신이 처음 주님을 사랑했을 때로 돌아가라고 말씀하신다. 때로 하나님은 회개하고 첫사랑으로 돌아올 기회를 주시기 위해 어려움을 허락하기도 하신다. 우리가 잘 아는 사도 바울은 주님을 사랑했고, 그 사랑을 변함없이 지켰다. 바울은 그가 가는 모든 땅에서 고통을 당했고, 동시에 그가 가는 모든 땅에서 성령을 경험했다. 바울은 믿음을 지켰고, 계속해서 사람들을 사랑했고, 희생했다. 주님을 사랑했기 때문이다.

어떻게 이 일이 가능할까? 자신을 비워야 한다. 자신을 비우려면 3가지를 기억하라.

첫째, 자신을 비우기 위해서는 입을 다물어야 한다. 그리고 입을 꼭 열어야 할 때는 사랑의 말(the words of flowers)을 하라. 사랑

은 모든 것을 주는 것이고, 자신을 주는 것이다. 사랑은 희생을 의미한다. 하나님은 우리를 사랑하시기에 세상을 창조하셨다. 그리고 우리를 사랑하시기에 그분의 아들을 희생시키셨다.

하나님이 세상을 이처럼 사랑하사 독생자를 주셨으니 요 3:16

사랑은 나를 비우고 그 자리에 상대를 채우는 것이다. 그렇게 함으로써 첫사랑의 감정을 다시 불러일으킬 수 있다. 깨어진 관계를 다시 회복하는 최고의 방법이다.

"미안해"라는 말은 언제나 가장 좋은 표현이다. 당신이 "미안해"라고 말할 때 어떤 일이 시작된다. 용서가 일어난다. 관계가 회복된다. 사람들은 당신이 "미안해"라고 고백할 때 등 뒤에서 당신을 욕하지 않는다. 왜냐하면 이 말이 사랑의 언어이기 때문이다.

하나님께 "죄송해요"라고 말할 때 당신은 회개하는 것이다. 회개는 간단하게 말하자면, 당신이 후회하고 있으며 사과하고자 하는 것을 뜻한다. "죄송해요"라고 말할 때 하나님이 당신에게 긍휼을 베푸시고 안아 주실 것이다.

나의 작은딸 줄리아나는 24번째 생일에 생일 선물을 세어 보는 대신 감사한 순간을 세어 보았다. 그러고는 "나는 감사합니다"라는 제목으로 가족과 친구들에게 편지를 보냈다.

——— 엄마, 다툼을 멈추게 하는 인내와 평안이라는 강력한 선물을 주서서 감사해요. 어려움을 극복하시는 모습과 아빠에 대한 깊은 사랑을 통해 좋은 아내의 모습을 가르쳐 주서서 감사해요.

언니, 나를 많이 참아 줘서 고마워. 날 데리러도 많이 와 주고, 언니도 고작 5살이었는데도 내가 피곤해하면 차에서부터 집까지 업어 준 것도 정말 고마워. 백화점에 갈 때마다 내 생각이 난다며 사 준 선물들도 고마워.

아빠, 감사해요. 3학년 때 제 친구가 저를 버렸을 때 집에 와서 울었던 적이 있어요. 그때 아빠는 제가 울음을 그칠 때까지 안아 주셨어요. 아빠의 관용에 감사해요. 덕분에 저는 나누는 법을 배웠어요. 제가 잘못할 때 고쳐 주서서 감사해요. 아빠는 완벽해져야 한다는 압박감으로 저를 억압하지 않고 기쁨과 자유로 권한을 위임해 주셨어요. 그리고 화가 나서 흥분하신 후에는 비록 제 잘못 때문에 그러셨을지라도 언제나 사과하셨어요. 결코 위선적이시지 않았고 지혜가 풍성하셨어요.

아빠는 제가 어렸을 때 '내가 너와 충분한 시간을 보내고 있니?'라고 물어봐 주셨죠. 감사해요. 아빠는 제가 아는 가장 바쁘신 분인데도 언제나 제게 시간을 내 주셨어요. 전 세계를 여행하며 축복하시면서도 저와 함께할 때는 언제나 저에게만 집중해 주셨어요. 그리고 저에 대해 기대를 가져 주시고 믿어 주셔서 감사해요.

감사하다니! 내가 딸들과 보내는 시간이 얼마나 되는지 아는가? 일대일로 1년에 단 이틀뿐이다. 그럼에도 불구하고 이런 감사의 말을 들은 나는 굉장히 행복했다. 사랑의 말은 서로를 세우고, 격려하며, 위로한다. 사랑의 말은 우리의 미래와 커리어와 삶을 세워 준다.

둘째, 자신을 비우기 위해서는 주어야 한다.

주는 것이 받는 것보다 복이 있다 행 20:35

나와 직원들은 매년 아메리칸 하트 워크(American Heart Walk)에 참석한다. 매년 1만 명 이상의 사람들이 모여 100만 달러가 넘는 금액을 모금한다. 많은 사람이 심장병을 앓고 있는 사람들을 기억하며 그저 시간과 재정을 주기 위해 모인다. 그렇게 모인 이들이 오래전 나를 살렸다. 그들은 자신의 삶을 비워 고통받는 이웃과 함께했다. 그들의 비움이 나를 비움의 삶으로 이끌었다.

그런데 사실 비움은 성령님의 도우심을 만날 수 있는 지름길이다. 윈스턴 처칠은 이렇게 말했다.

—— 우리는 우리가 받은 것으로 생계를 꾸리고, 우리가 주는 것으로 인생을 꾸린다.

우리는 주는 것으로 우리의 인생을 꾸리는 존재임을 잊지 말아야 한다. 성령님이 우리로 하여금 주는 존재가 되게 하신다. 성령님의 도우심으로 내 시간, 내 물질, 내 마음을 나눔으로써 나를 비울 때 역설적으로 나는 충만해진다. 이것이 성령님의 역사하심이다.

전쟁 직후, 20대였던 청년 조중훈은 운전을 하면서 생계를 유지하고 있었다. 한 번은 물건을 싣고 인천에서 서울로 가던 길에, 한 외국인 여성이 길가에 차를 세워 놓고 난감한 표정을 짓고 있는 모습을 보게 되었다. 일을 하던 중이라 매우 바빴지만 그냥 지나치지 않고 사정을 물어보았다. 알고 보니 차가 고장이 났다. 그는 무려 1시간 30분이나 걸려 차를 고쳐 주었다. 외국인 여성은 고맙다며 상당한 금액의 돈을 사례로 주려 했다. 하지만 그는 거절했다.

"우리나라 사람들은 이 정도의 친절은 베풀고 삽니다."

그러자 그녀는 주소라도 알려 달라며 끈질기게 부탁을 했다.

하는 수 없이 주소를 알려 주고 돌아왔다.

그다음 날, 어제의 외국인 여성이 남편과 함께 조중훈을 찾아왔다. 알고 보니 그녀의 남편은 미8군 사령관이었다. 이번에는 그녀의 남편이 감사의 사례를 하려 했다. 하지만 그는 "이유 없는 대가는 받을 수 없습니다" 하고 거절하면서 "정 사례를 하고 싶으시다면 제가 받을 명분이 있는 일을 주십시오"라고 말했다. 사령관이 어떤 것이 정당한 명분이 있는 일이냐고 묻자 조중훈은 이렇게 말했다.

"저는 운전사입니다. 혹시 미8군에서 버리는 폐차를 제게 주신다면 저는 그것을 수리해서 판매하는 사업을 하겠습니다. 폐차 인수 권리를 제게 주시겠습니까?"

사령관에게 그것은 아주 쉬운 일이었다. 이후 청년 조중훈은 미8군의 폐차를 수리해서 판매하는 사업을 시작했고, 그 사업이 성장해 대한항공으로 발전했다. 청년 조중훈이 실천한 작은 나눔은 그의 인생을 꾸리는 밑천이 되었고, 그를 국내 운송업계의 독보적 존재이자 한진그룹 창업주로 만들었다.

셋째, 자신을 비우기 위해서는 하나님을 전폭적으로 의지해야 한다.

만일 누군가 나에게 비즈니스 성공 비결을 묻는다면 나는 '하나님의 사람들과 연결되는 것'이라고 답할 것이다. 나는 비즈니스를 하면서 귀한 하나님의 사람들을 만날 수 있었다. 그들은 나의 주요 고객들 중 몇몇 사람들이다. 그들을 만날 수 있었던 것은 오직 주님을 전폭적으로 의지하고, 그분의 말씀을 경청하며, 성령의 바람을 탄 결과다.

아기들은 부모에게 완전히 의지한다. 하나님은 그처럼 우리에게 완전한 의지를 요구하신다. 그때 하나님은 하나님의 사람들을 보여 주시고, 만나게 하시고, 함께 살아가게 하신다. 아내에게 미국으로 와 달라고 했을 때 그녀는 아무것도 묻지 않고 왔다. "결혼을 하는 건가요? 당신의 계획은 뭔가요?"라고 묻지 않았다. 아내는 나와의 만남을 통해 주님이 자신의 삶에 행하실 모든 것을 완벽하게 믿었다.

하나님을 전폭적으로 의지하는 사람은 그분의 말씀을 경청하게 된다. 사람들은 창의성과 혁신을 높이 평가한다. 그것을 가능하게 하는 것이 바로 경청이다. 나는 내 일에서 파트너를 정할 때 경청하는 사람을 선택한다. 경청은 상대의 마음 안에 들어가는 지름길이요, 신뢰를 얻는 전략이다. 마찬가지로 우리가 하나님의 말씀을 경청할 때 성령의 바람을 타고 하나님의 사람들과 연결될 수 있다.

우리는 사랑의 말을 해야 한다.

우리는 주어야 한다.

우리는 어떤 상황에서도 주님의 말씀을 절대적으로 경청하고 그분을 의지해야 한다.

우리는 그렇게 함으로써 우리를 비워야 한다. 당신이 비울 때 삶의 폭풍은 지나갈 것이다. 당신은 하나님의 음성을 들을 것이다. 당신이 비울 때 비로소 당신은 하나님의 목적과 연결되기 시작할 것이다. 예수님의 핵심은 "자기를 비워 종의 형체를 가지사 사람들과 같이"(빌 2:7) 되심이다.

|||||||||||||||||||||||||||

남에게 베풀기를 좋아하는 사람이 부유해지고,
남에게 마실 물을 주면, 자신도 갈증을 면한다 잠 11:25, 새번역성경

지혜를 배우는 나눔 질문

Q1 "우리는 우리가 받은 것으로 생계를 꾸리고, 우리가 주는 것으로 인생을 꾸린다"라는 윈스턴 처칠의 말을 어떻게 생각하는가? 이 명언대로 주는 삶을 선택하고 싶은가?

Q2 나의 말은 어떠한가? 특히 가까운 사람에게 사랑의 말, 감사의 말을 어느 정도 하며 살고 있는가?

했습니다!

언젠가 하루 종일 아파 20시간을 잤다. 물, 레몬차, 생강차 등 수분을 많이 섭취했다. 큰딸 크리스티나가 10분 간격으로 내 상태를 확인해 주었다. 아프고 싶지는 않지만, 아플 때 좋은 점이 하나 있다. 보살핌을 받는 것이다.

이런 상황에서는 내 이익을 취하기가 매우 쉽다. 하지만 흥미로운 점은 내가 매우 연약할 때 원하는 일이라고는 단 한 가지, 눕는 것뿐이라는 사실이다. 수분을 섭취하고 약을 먹는 것처럼 아주 기본적인 일 외에는 더 이상 원하는 것도 없다. 나는 우리의 삶이 이와 같다면 어떨까 생각해 보았다.

'만약 모든 사람이 사랑과 정성을 다해 어려움에 처한 사람들을 돕는다면? 아픈 이들이 타인의 친절을 이용해 기본적인 필요를 채우는 것 외에 다른 일은 결코 요구하지 않는다면?'

우리가 아주 겸손하고, 상대를 배려하고, 다정하다면 모든 사람이 서로에게 고마워하고, 모든 사람이 감사하게 될 것이다. 매우 성경적인 사람들이 살아가는 방식처럼 들린다. 그런데 왜 우리는 그렇게 할 수 없는가? 우리에게 지혜가 없기 때문이다.

> 지혜가 제일이니 지혜를 얻으라 네가 얻은 모든 것을 가지고 명철을 얻을지니라 그를 높이라 그리하면 그가 너를 높이 들리라 만일 그를 품으면 그가 너를 영화롭게 하리라 잠 4:7-8

내가 아는 가장 강력한 지혜의 말을 나누어 주겠다.
삶에서 성공하고 싶은가? 바로 이것이 필요하다.
성공적인 관계를 맺고 싶은가? 바로 이것이 필요하다.
정말 즐거운 결혼생활을 하고 싶은가? 바로 이것이 필요하다.

사람들에게 사랑받고 싶은가? 바로 이것이 필요하다.

부모님과 잘 지내고 싶은가? 바로 이것이 필요하다.

자녀들, 친구들과 잘 어울리고 싶은가? 바로 이것이 필요하다.

그 말은 바로 이것이다.

"했습니다"(Done).

수수께끼로 만들어서 다시 물어보겠다.

"관계와 직업에서의 성공을 보장하지만 매우 성경적임에도 매우 세속적으로 보이는 한 단어는 무엇인가?"

아마 대부분의 사람들은 "사랑" 아니면 "용서"라고 답할 것이다. 정답에 가깝다. 그런데 뭔가 부족하다. 우리는 사랑을 하는 수많은 사람을 알고 있다. 하지만 그들의 삶은 완벽하지 않다. 우리는 타인을 용서하는 법을 알고 있다. 하지만 용서를 한 뒤에도 상대의 삶에서 여전히 뭔가를 더 요구하곤 한다. 그래서 이 수수께끼의 답은 바로 이것이다.

"했습니다."

이 단어의 위력을 아는 사람은 그리 많지 않다. 하지만 이 단어를 많이 사용하면 할수록 당신은 삶에서 성공하게 될 것이다. 예를 들어 보겠다.

- "아들! 쓰레기 버렸니?" "했어요(Done), 엄마."
- "리포트 다 썼니?" "했어요."
- "오늘 교회 다녀왔니?" "했어요."
- "동생한테 사과했니?" "했어요."
- "그 사람 용서했니?" "했어요."
- "그 사람 사랑했니?" "했어요."

"했습니다"라는 말을 일주일에 한두 번만 하더라도 관계에 있어 매우 효과적인 원동력을 찾게 될 것이다. 이 말을 직장에서 자주, 그리고 주기적으로 사용한다면 더 이상 "난 내 직업이 싫어"라는 말을 하지 않게 될 것이다. 다른 말로 하면, 당신은 승진하게 될 것이고 명예로운 사람이 될 것이다.

'이 말이 과연 성경적인가?' 하며 고개를 갸웃하는 사람이 있을 것이다. 얼핏 이 답은 세속적으로 보이기도 한다. 하지만 이 말이야말로 가장 중요한 순간에 예수님이 사용하신 그분의 단어다. 예수님은 세상을 떠나시기 전 이 단어를 남기셨다.

다 이루었다 It is finished, 요 19:30

나는 이것이 가장 위대한 분이 말씀하신 가장 위대한 말이라고 믿는다. 특히 '이루었다'(finished)라는 말은 구약성경의 완성이며, 신약성경의 결실이다. 다른 말로 하면, 구약성경에서 예언된 모든 말씀을 이 단어로 결론지을 수 있다. 아직 완성되지 않은 신약성경의 약속은 예수님의 죽음과 부활로 완성되었다. 이미 완료되었다. NIV성경은 그리스어 원문을 3개의 단어로 번역했다(It is finished). 그러나 그리스어 원문에는 한 단어 '테텔레스타이'(Finished)로 표현되어 있다.

그런데 왜 우리는 "Done" 혹은 "Finished"라고 말하는 삶을 살지 못하는가?

잠언 5장은 우리가 하나님의 지혜에 주의 집중하지 않는 것에 대해 경고하며 우리 안의 죄 된 본성을 설명한다. 하나님은 더 이상은 강조하실 수 없어 잠언 기자에게 기름 부어 말하게 하셨다.

내 아들아 내 지혜에 주의하며 내 명철에 네 귀를 기울여서 근신을 지키며 네 입술로 지식을 지키도록 하라 잠 5:1-2

하나님은 우리의 입술이 "Done", "finished"와 같은 말을 하기를 원하신다. "다 했습니다"(It's done), "다 이루었습니다"(It's finished)라고 말하는 삶을 살라. 예수께서 그렇게 하셨다.

성령님은 믿는 사람들에게 임하시고 함께하신다. 나는 당신이 꿀이 떨어지는 것 같은 어떠한 달콤한 유혹에서도 회복되기를 간절히 원하며 기도한다. 그것이 중독이든, 게으름이든, 거짓말이든, 수군거림이든, 심지어는 간통이라도. 만약 당신이 회복되기를 원한다면 예수께서 당신을 치료하실 수 있음을 믿으라. 하나님은 죽은 자까지도 살리실 수 있는 분임을 믿으라! 그리고 "했습니다!"라고 말할 수 있도록 오늘, 그분 앞에 나와 치유를 받으라. 예수님의 삶의 지혜의 포커스이며 목적은 "다 이루었다"였다.

||||||||||||||||||||||||

열심히 일하면 수입이 있어도 잡담만 하고
앉아 있으면 가난하게 된다 잠 14:23, 현대인의성경

지혜를 배우는 나눔 질문

Q1 나는 "했습니다"(done)라는 말을 얼마나 자주 하는가?

Q2 "했습니다"라는 말의 위력을 경험하고 싶은가? 실행하고 일주일 후에 무슨 일이 벌어졌는지 나누어 보라.

가장 아름다운 노래, "나다"

예수님이 가르쳐 주신 가장 위대한 응답은 "나다"이다. "나 여기 있습니다. 내가 하겠습니다"라는 순종의 말씀이다.

나의 아버지는 6·25전쟁 때 "내가 가겠습니다" 하고 자진해 고등학생으로서 전쟁에 참여하셨다. "내가 가겠다"는 결단은 결국 아버지에게 큰 축복이 되었고, 새로운 미래와 새로운 토대가 되었다. 아버지는 죽음의 위기 앞에서 살려 주시면 평생 주님의 일을 하겠다고 기도하셨다. 신학교를 졸업하고 아무도 한센병 환자촌에 가지 않으려 할 때 "나다" 하고 자원해 13년간 그들을 섬김으로써 삶으로 아름다운 음악을 만드셨다. 왜 한센병 환자촌으로 가느냐고 묻는 사람들에게 아버지는 이렇게 대답하셨다.

"그들은 겉으로 문둥이지만, 우리는 속으로 문둥이입니다. 육신의 더러움은 영혼의 더러움보다 가볍습니다."

학문도 신학도 중요하지만 "나 여기 있습니다!"라는 외침이 중요하다. 그 외침이 세상에서 가장 아름다운 노래를 만든다. 예수님은 노래를 잘 지으시는 분이다. "나다"라는 노래를 참 잘 만드셨다. 그리고 우리에게 그 노래로 확신을 주셨다.

예수께서 이르시되 네게 말하는 내가 그라 하시니라 요 4:26

예수님은 "나다"라고 분명하게 말씀하셨다. 그 대답은 인류의 역사를 바꾸었고, 우리에게 가장 멋있는 희망의 노래가 되었다.

내 삶을, 가정을, 회사를, 교회를 변화시킬 사람은 바로 "나다!"라고 외칠 수 있는 사람이다. 세상에서 가장 존경받을 수 있고, 가장 쉽게 용서받을 수 있고, 가장 큰 치유를 주고, 가장 아름다운 음악을 만들 수 있고, 가장 **빨리** 새로운 미래와 새로운 토대를 만들어 주는 소리는 바로 "나다"이다. 나 자신이 먼저 바뀌어야 한다. 아침에 가장 먼저 거울에 보이는 그 사람이 바뀌어야 아름다운 노래를 만들 수 있다. 자신의 마음을 비우고 성령의 바람을 타면 어려운 사람들이 보인다. 그때 거울 속에 있는 나 자신부터 변해 그들에게 손을 뻗는 것, 그것이 바로 "나다"의 삶이다.

하나님이 예수님을 이 세상에 보내실 때 주님은 "나다"라고 고백하셨다. "제가 가겠습니다"라고 하셨다. 그분은 인간으로 오사 우리에게 영생을 주셨다. 인류와 세상과 교회와 가정과 자신을 변화시키는 것은 "나다"라는 결단뿐이다. 다른 방법은 없다.

심장 이식 수술을 기다릴 때 성령께서 나를 찾아오셨다. 그러자 나에게도 "나다"의 변화가 시작되었다. 그것이 나의 새로운 미래의 토대가 되었다. 매일 새벽 하나님께 찬양과 경배를 드릴 때 우리는 "나다"의 결단을 해야만 한다. 그것이 바로 하나님이 진정으로 기뻐하시는 찬양이다. 예수님은 자기의 책임을 회피하지 않고 자진해서 "나다" 하시고 골고다 언덕을 걸어가셨다.

|||||||||||||||||||||||||
너는 알지 못했다는 이유로 네 책임을 회피하지 말아라.
네 마음을 살피시며 너를 지켜보고 계시는 분이 어찌 그것을 모르겠느냐?
그는 사람이 행한 대로 갚아 주실 것이다 잠 24:12, 현대인의성경

Q1 남들이 가기 싫어하고, 하기 꺼려할 때 "내가 가겠습니다", "내가 하겠습니다" 하고 자원해 본 적이 있는가?

Q2 나에게도 "나다"의 변화가, "나다"의 노래가 시작되고 있는가?

보트를
불태우라

심장 이식 수술을 받는 것처럼 큰 난관에 부딪힐 때 우리는 어떻게 자신의 인생을 보다 더 나은 방향으로 이끌어 갈 수 있을까?

20여 년 전, 생사를 건 심장 이식 수술을 받을 당시 나는 불과 35살이었다. 그때 나는 결심했다. 만약 심장을 이식받아 새로운 삶을 살게 된다면 지금까지와는 다른, 보다 더 나은 삶을 살겠노라고 주님께 언약했다. 절대로 심장 이식 수술이 내 인생을 좌초시키지 못하게 하겠다고, 심장이 좋지 못하다는 핑계로 내가 해야 할 무엇인가를 하지 못하거나 하지 않는 일은 절대 없을 것이라고 다짐했다.

더불어서 나는 내 편안함의 보트, 나를 일상에 안주하게 하는 보트, 나를 후퇴하게 만드는 보트, 나로 도피하게 하는 보트를 모조리 불태우기로 결심했다. 멕시코 아즈텍 제국을 정복한 에르난도 코르테스(Hernando Cortes)가 자신과 병사들이 쿠바에서 멕시코로 타고 온 보트들을 모두 불살랐던 것처럼!

에르난도 코르테스는 1485년 스페인에서 태어났다. 어린 나이에 쿠바의 산토도밍고로 이주했고, 그 후 산티아고 시장에 당선되었다. 그리고 1518년, 멕시코를 탐험하고 정복할 인물로 지명되었다. 당시 멕시코는 아즈텍 제국의 통치 아래 있었다. 그는 11대의 보트에 500여 명의 병사들, 100여 명의 선원들, 그리고 16마리의 말들을 싣고 쿠바에서 유카탄 반도로 항해를 시작했다. 그의 사명은 단순했다. "무슨 일이 있더라도, 아무리 오랜 시간이 소요되더라도 멕시코를 정복하라!"라는 스페인왕의 명령이었다.

여기서 주목할 점은 코르테스가 이 사명을 온 마음으로 다짐했다는 것이다. 그는 멕시코 땅에 도착하자 병사들에게 보트들을 불태우라고 지시했다. 충격에 빠진 부하들은 "보트를 불태우라니…, 제정신인가요?" 하며 울부짖었다. 그러나 그는 단호히

"횃불에 불을 붙여 보트들을 불태우라!" 하고 명령했다. 그러고는 이렇게 덧붙였다.

　"만약 우리가 집에 돌아간다면 우리는 우리의 보트가 아닌, 저들의 보트를 이용할 것이다."

　당시 코르테스에게 집에 돌아가는 것은 선택 사항이 아니었다. 도피하는 것 역시 선택 사항에 없었다. 그의 단호한 모습에 병사들도 더불어 마음으로 결단했다. 그렇게 보트를 불태우고 나서 상황을 다르게 생각하기 시작했다. 현지인들과 싸우는 것보다 그들을 도우면서 동지로 삼았다.

　3년의 시간이 흐른 뒤 코르테스는 현지인들과 함께 아즈텍 제국을 정벌하고 그곳에 멕시코시티를 건설했다. 그리고 뉴스페인의 총독이자 시장이 되었다. 이 일이 가능했던 이유는 그가 온 마음을 다해 결단했기 때문이다. 그 선택은 "멕시코를 정복하지 못하면 죽음을 달라!"라는 사활을 건 결단이었다.

　당신의 인생에서 불태워야 할 보트는 무엇인가? 지금 당장 불사르라. 만약 배우자와 다툴 때마다 짐 가방을 꾸리는 습관이 있다면 짐 가방을 불태우라. 만약 회사에서 수많은 실수를 저지르곤 한다면 모임 초대장들을 불태우고 집에 돌아가 숙면부터 취하라. 만약 과소비하는 습관을 가지고 있다면 신용카드를 불태우라.

> 믿음으로 아브라함은 부르심을 받았을 때에 순종하여 장래의 유업으로 받을 땅에 나아갈새 갈 바를 알지 못하고 나아갔으며 믿음으로 그가 이방의 땅에 있는 것같이 약속의 땅에 거류하여 동일한 약속을 유업으로 함께 받은 이삭 및 야곱과 더불어 장막에 거하였으니 이는 그가 하나님이 계획하시고 지으실 터가 있는 성을 바랐음이라 히 11:8-10

아브라함은 가야 할 곳이 어딘지도 모르는 채 "가라"라는 하나님의 부르심을 받고 떠났다. 나그네 같은 천막생활도 마다하지 않았다. 순종의 결과는 순탄하지 않았다. 문명의 땅 갈대아 우르와는 완전히 다른, 천막에서 살아야 하는 나그네의 삶이 기다리고 있었다. 그러나 그는 순종했다. 왜냐하면 그에게는 주님이 주신 '다르게 보는 눈'이 있었기 때문이다. 하나님은 순종한 아브라함에게 당신이 세우신 영원한 도성을 볼 수 있는 능력까지 주셨다.

어떻게 아브라함은 고향 땅이라는 보트를 불태우는 결단을 내릴 수 있었을까? 잠언 16장 3절은 이렇게 말한다.

너의 행사[모든 것]를 여호와께 맡기라 그리하면 네가 경영하는
것이 이루어지리라 잠 16:3

아브라함은 하나님이 다 이루어 주실 것을 믿었기에 순종할
수 있었던 것이다.

나는 대학을 졸업하고 건축 설계 회사에서 일을 하기 시작했
다. 어렸을 때 받은 모멸감과 차별의 상처를 극복하기 위해 남들
보다 더 열심히 노력해서 누구도 나를 무시할 수 없는 높은 지위
에 올라가는 데 몰두했다. 그 결과 29살에 큰 회사의 중역이 되
었다. 그렇게 높아진 것은 순전히 내 노력의 결과라고 생각했다.
그때부터는 순풍에 돛 단 듯 인생이 잘 풀리는 것 같았다.

하지만 업무상 약속 때문에 뉴욕으로 향하던 나는 갑자기 정
신을 잃었다. 한참 있다가 눈을 떠 보니 차들이 쌩쌩 달리는 고
속도로 한가운데 있었다. 놀라서 곧바로 병원에 전화를 걸었다.
병원에서는 당장 오라고 했고, 그 후 심장 이식 수술을 받지 않
으면 죽는다는 선고를 받았다.

그 순간, 나는 엄청난 중압감을 느꼈다. 도저히 내가 감당할
수 없는 삶의 무게였다. 눈앞에서 삶이 산산조각 나는 것을 보았
다. 그때부터 6개월간 병원에 입원한 채 내게 맞는 심장이 나타
나기를 기다려야 했다. 연봉도, 보너스도, BMW 승용차와 몇 채

나 되던 집도 몽땅 잃었다. 10억짜리 의료보험도 바닥이 났고, 한 달 약값이 150만 원이나 되었다. 병원에서는 5억짜리 병원비 청구서가 날아왔고, 약을 사 먹을 돈이 없어서 다른 심장병 환자들에게 약을 구걸하러 다니기도 했다. 더 이상 비참할 수 없는 지경에까지 떨어졌다.

"제 심장을 고쳐 주십시오!"

병원에서 6개월을 기다리는 동안 나는 내 심장을 고쳐 달라고 기도했다. 그러다가 점점 기도가 바뀌었다.

"건강한 심장을 주십시오. 아니, 주님! 제 영혼을 새롭게 해 주십시오!"

심장을 고쳐 달라던 나의 기도는 '나'를 고쳐 달라는 기도로 변했다. 나는 이전의 내가 아닌 새로운 나로 거듭나기를 간절히 원했다. 나의 심장이 바로 나의 보트였다. 그래서 나는 심장에 대한 집착을 불태웠다. 만일 내가 다시 살아서 병원을 나간다면 새로운 심장만 가지고 나가는 것이 아니라 새로운 사람이 되어서 나가고 싶었다.

그렇게 기도하기 시작했을 때 하나님이 내게 새로운 비전과 새로운 부르심을 주셨다. 나는 다시 하나님께 반응해야 했다. 이번에는 올바른 반응이 되어야 했다.

병원에서 지역 신문을 읽는데, 기사 하나가 눈에 띄었다. 한 교회에서 운영하던 자선 단체가 돈이 없어서 문을 닫게 되었다는 내용이었다. 아내에게 말했다.

"만약 병원에서 살아서 나가게 되면 다른 사람들을 위해 살고 싶어."

그전까지 나는 나를 위해서만 살았다. 나의 커리어, 나의 목표, 나의 돈, 나의 성공. 그러나 이제는 다른 사람들을 도와주며 살고 싶었다. 다른 사람들에게 주기 위해 살고 싶었다. 내 아버지가 한센병 환자촌에서 13년 동안 그들을 돌보고 사랑으로 섬기셨던 것처럼….

　　– 나의 비전: "하나님의 나라와 그분의 의를 구하라!"
　　– 부르심: "가서 도움이 필요한 사람들을 도우라!"

나는 그 부르심에 올바르게 반응해야만 했다.

"하나님, 약속의 땅이 어디에 있는지 저는 모릅니다. 어디로 어떻게 가야 할지도 모르겠습니다. 하지만 주님이 원하신다면 순종하고 가겠습니다."

그 후 사업을 시작했다. 처음에는 어디로 가야 할지 모르는 채 갔다. 나는 마치 아브라함이 나그네가 되어 천막생활을 했던 것처럼 차고에서 사업을 시작했다. 그러나 마음에는 평화와 기쁨이 넘쳤다. 하나님 나라의 평화는 '무엇이 없는 것'이 아니라, '그분이 계시는 것'이기 때문이다. 그리고 회사에서는 기적이 일어났다.

첫 5년간 필라델피아에서 가장 빠르게 성장한 회사가 되었고, '가장 일하고 싶은 회사'라는 평가를 받았다. KBS TV의 〈글로벌 성공시대〉에 회사가 소개되었고, 미국 대통령의 임명과 상원의 인준을 거쳐 미국 정부 건축 자문이 되었다. 그 외 수많은 사업상의 간증거리가 생겨났고, 《P31》이 출판되어 종교 분야 베스트셀러가 되었다.

모든 것을 주께 맡기고 의지하며, 남모르게 감추고 있는 보트를 불태우라. 이 단호한 결심이 당신의 삶을 전진하게 만들 것이다.

||||||||||||||||||||||||

네가 하는 일을 여호와께 맡겨라.

그러면 네가 계획한 일이 이루어질 것이다 잠 16:3, 현대인의성경

지혜를 배우는 나눔 질문

Q1 남모르게 감추고 있는 당신만의 보트는 무엇인가?

Q2 하나님보다 더 의지하고 있는 그 보트를 불태우면 어떤 일이 일어날 것이라고 생각하는가? 그럼에도 그 보트를 불태울 결심을 하겠는가?

조니야,
너는 용서받았다

—

한 신문의 작은 광고란에 다음과 같은 문구가 게재되었다.

"조니야, 모든 것은 잊혔다. 너희 아버지가 타임스퀘어에서 밤 8시에 너를 만나기 원하신다."

그날 밤 '조니'라는 이름을 가진 수십 명의 젊은이들이 아버지를 만나기 위해 타임스퀘어로 몰려들었다. 그 지역에는 아버지에게 용서받기를 원하는 수많은 조니가 있었던 것이다. 그렇다. 이 세상에는 "너는 용서받았다"라는 말을 듣기 원하는 사람이 매우 많다.

예수님의 제자인 베드로는 예수님을 실망시켰다. 그는 예수님이 죽음의 순간에 이르실지라도 그분을 부인하지 않겠다고 약속했음에도 불구하고, 맹세한 바로 그날 예수 그리스도를 세 번이나 부정했다. 그리고 성경의 기록에 따르면, 자신이 무슨 짓을 저질렀는지 깨닫자 자신의 배신을 후회하며 서럽게 울었다.

우리도 그렇다. 우리는 무슨 잘못을 저지르면 마음속으로부터 울부짖는다. 우리 모두가 용서를 구하지는 않을지라도, 우리는 마음속에서 눈물을 흘리며 운다.

마찬가지로 우리의 아들딸들이 지금 울고 있다. 우리에게 용서받기를 기다리며.

우리의 형제자매가 울고 있다. 우리에게 용서받고자.

우리의 부모가 울고 있다. 자녀들의 용서를 기대하며.

우리의 친구들과 친지들이 울고 있다. 우리의 용서를 갈구하며.

누군가를 용서한다는 것은 참으로 힘든 일이다.

내가 지금까지도 잊지 못하는 감동적인 영화는 〈아름다운 세상을 위하여〉(Pay It Forward)다. 주인공인 11살 소년, 트레버는

"세상을 바꿀 아이디어를 생각해서 실천에 옮기라"라는 사회 숙제를 하기 위해 '도와주기'를 실천했다. 자기가 먼저 3명을 도와주고, 그들에게 자신처럼 적어도 3명에게 받은 도움을 되갚도록 부탁했다. 11살 소년의 실천은 빠른 속도로 확산되어 다른 도시로 퍼져 나갔고, 미국 전역에 '도와주기' 운동이 확산되어 갔다. 하지만 정작 트레버는 폭행을 당하는 친구를 돕다가 숨졌다.

트레버는 '도와주기' 숙제를 통해 아버지의 폭력에 시달리는 엄마와 가정폭력으로 화상을 입은 사회 선생님, 친구들에게 폭행을 당하는 친구와 거리의 노숙자가 어둠에서 헤어 나오기를 간절히 원했다. 그는 한 기자와의 인터뷰에서 이렇게 말했다.

"사람들을 잘 살펴봐야만 돼요. 사람들을 지켜보고 보살펴야 하죠. 왜냐하면 혼자서는 할 수가 없거든요. 자전거를 고치는 일보다 훨씬 중요한 일이 있는데, 바로 사람을 고치는 일이에요."

사람을 고치는 일만큼 중요한 일이 또 있을까? 하지만 사람을 고치기란 정말 어려운 일이다. 그런데 이 영화에서 한 가지 방법이 제시되고 있다. 트레버의 엄마 엘린은 아들의 '도와주기' 숙제를 실천하기 위해 알코올중독으로 거리의 노숙자가 된 자기 엄마를 찾아갔다. 그리고 엄마와의 관계를 회복하고 싶다면서 이렇게 고백했다.

"이제 엄마를 용서할게요."

트레버가 말하듯, 용서한다는 것은 이상하고, 별나고, 그리고 힘든 과정이다. 그러나 그 불편한 감정에도 불구하고 우리는 서로를 용서해야 한다. 불편한 감정과 고통스러운 절망마저 용서의 과정인 것이다. 사람을 고치기 위해 오신 예수님도 용서를 가르치고 실천하셨다.

> 서로 용납하여 피차 용서하되 주께서 너희를 용서하신 것같이
> 너희도 그리하고 골 3:13

예수님은 우리가 용서하는 과정에서 경험하는 고통 또한 용서의 일환임을 가르치셨다. 용서의 결과가 우리의 기분을 좋게, 따뜻하게, 진심 어리게 만들어 주는 반면, 용서의 과정은 불편하고 어렵다는 의미다.

용서는 결코 자연적인 것이 아니다.

용서는 우리의 지긋한 인내를 요구한다.

용서는 우리의 힘겨운 희생을 바탕으로 한다.

용서는 묵묵한 끈기를 필요로 한다.

용서는 우리의 조건 없는 순종을 요구한다.

용서는 종종 고통과 절망에 찬 분노보다 더 많은 것을 요구한다.

용서는 '어떻게 우리 주 예수 그리스도께서 십자가에 못 박히는 고통 속에서 우리를 용서하셨는가?' 하는 것과 같은 맥락이다. 그렇게 함으로써 예수님은 세상을 바꾸셨다. 우리도 예수님을 따라 서로를 용서하고 우리의 상황을 바꿈으로써 보다 나은 세상을 만들 수 있다. 예수님은 우리와 다르게 행동하셨다.

|||||||||||||||||||||||||||

허물을 덮어 주는 자는 사랑을 구하는 자요
그것을 거듭 말하는 자는 친한 벗을 이간하는 자니라 잠 17:9

지혜를 배우는 나눔 질문

Q1 용서하려면 불편한 감정과 고통스러운 절망을 통과해야 한다. 그럼에도 주님은 용서하라 하신다. 내가 용서해야 할 사람은 누구인가?

Q2 용서의 첫걸음을 떼고, 일주일 후에 그 경과를 나눠 보라.

희생정신

우리는 종종 은혜를 '하나님의 선물'이라고 부른다. 은혜는 우리에게 주어진 하나님의 선물 중 가장 귀한 것이며, 희생을 필요로 하는 조건 없는 사랑이다. 그 은혜는 언제 우리에게 왔는가?

그러므로 사랑을 받는 자녀같이 너희는 하나님을 본받는 자가 되고 그리스도께서 너희를 사랑하신 것같이 너희도 사랑 가운데서 행하라 그는 우리를 위하여 자신을 버리사 향기로운 제물이 말씀에는 희생의 요소가 나타나 있다. '자신을 버리사'라는 표현에서 찾아볼 수 있다. 세상을 떠난 나의 사랑하는 형님이 이 비밀을 알았다면 얼마나 좋았을까? 형님은 자신의 감정을 포기하지 않았다. 겸손하지 않았다. 아버지를 용서하지도 않았다.

아버지가 치매로 기억을 잃어 가기 시작하자 나는 형님에게 전화를 걸어 아버지를 보러 오라고 말했다. 형님은 오지 않았다. 그리고 아버지는 돌아가셨다. 형님에게 전화를 걸어 장례식에 오라고 했다. 형님은 오지 않았다.

형님은 세상을 떠나기 전 그 일을 얼마나 후회했는지 모른다. 형님은 여동생의 장례식에 오지 않은 것도 가슴 아파하며 후회했다. 그리고 내가 병원에 6개월간 입원해 있을 때 병문안을 오지 않았던 일도 후회했다. 형님은 용서를 구했다. 나는 이미 용서했다고 대답했다. 그러나 형님은 스스로를 용서하지 못했다. 이것이 형님을 괴롭혔다. 그 후회가 형님을 집어삼켰다. 우울증이 시작되었다. 밤낮없이 술을 마셨다. 편집증이 되었다. 현실과 환상을 구분하지 못하게 되었다.

성령의 역사는 사랑이요, 성령의 능력은 희생이다. 우리가 지금 가진 것(구원)을 갖기 위해서는 희생이 필요했다. 하나님은 자신의 아들을 희생시키셨다. 예수님은 우리를 위해 대신 희생하셨다. 그리고 우리를 위해 부활하사 하늘 보좌의 주인이 되셨다. 우리에게도 희생이 필요하다. 희생이 성령의 능력을 불러온다.

미국의 역사는 희생의 이야기다. 초기 미국 역사를 주도한 사람들에게는 미국 시민들에게 자유가 필요하다는 신념이 있었다. 그들은 자녀들이 자유롭게 살기를 원했다. 하지만 당시 그런 시도를 한다는 것은 위험천만한 일이었다. 그럼에도 그들은 희생하기로 결정했다. 벤자민 프랭클린(Benjamin Franklin), 존 아담스(John Adams), 토마스 제퍼슨(Thomas Jefferson), 존 행콕(John Hancock) 등 56명이 독립 선언서에 서명했다.

그들의 신념은 그들 자신과 가족들에게 말로 다할 수 없는 고통을 주었다. 56명 중 5명은 영국인들에게 붙잡혀 죽기 전까지 고문을 받았다. 12명의 집은 수색을 당하고 불태워졌다. 2명은 아들을 잃었다. 1명은 두 아들이 포로로 잡혔다. 9명은 싸우다 전쟁의 상처와 고통으로 죽었다.

버지니아주의 부유한 농장주이자 무역상이었던 카터 브랙스톤(Carter Braxton)의 배는 영국 해군에 의해 침몰했다. 그는 집과 재산을 팔아 빚을 갚았고 가난 가운데 죽음을 맞았다. 영국의 장군 찰스 콘월리스(Charles Cornwallis)는 뉴욕에 있던 토마스 넬슨(Thomas Nelson)의 집을 무단 점거해서 영국군의 본부로 썼다. 그러자 넬슨은 비밀리에 조지 워싱턴(George Washington) 장군에게 명령해 자기 집을 폭격하게 했다. 집은 잿더미가 되었고 넬슨은 죽을 때 파산 상태였다.

존 하트(John Hart)는 아내가 죽어 갈 때 끌려갔다. 13명이나 되는 자녀들은 평생 도피 생활을 해야 했다. 농지와 공장은 파괴되었다. 그가 겨우 탈출해서 1년 넘게 숲과 동굴에서 살다 돌아왔을 때 그에게 남은 것은 아무것도 없었다. 그는 몇 주 뒤 탈진해서 죽었다. 미합중국은 이러한 엄청난 희생 위에서 탄생했다.

사랑에는 희생이 따른다. 희생이 없는 사랑을 사랑이라고 말할 수는 없다.

> 나더러 주여 주여 하는 자마다 다 천국에 들어갈 것이 아니요 다만 하늘에 계신 내 아버지의 뜻대로 행하는 자라야 들어가리라 마 7:21

'내 아버지의 뜻'이 무엇인가? 우리를 향한 하나님의 뜻은 하나님의 아들 예수님을 믿고 따르는 것이다. 그런데 예수님을 따르고자 하는 이들에게 예수님이 요구하신 것이 있다. 자기를 부인하고 자기 십자가를 지는 것이다.

누구든지 나를 따라오려거든 자기를 부인하고 자기 십자가를
지고 나를 따를 것이니라 마 16:24

자기 십자가를 지고 주님을 따라가던 한 청년이 막다른 골목
에 이르자 절망하며 기도하기 시작했다.

"주님, 더 이상 나갈 수가 없습니다. 제가 감당할 십자가가
너무 무겁습니다."

기도를 들으신 주님은 "아들아, 십자가가 너무 무거우면 그
십자가를 내려놓고 네가 원하는 다른 십자가를 골라라" 말씀하
셨다. 청년은 안도했다. 그리고 십자가가 있는 방으로 들어갔다.
그곳에는 많은 십자가가 있었다. 어떤 것은 너무 커서 끝이 보이
지 않을 정도였다. 그런데 구석에 아주 작은 십자가 하나가 비스
듬히 서 있었다. 청년은 "주님, 이 십자가를 지고 가겠습니다"라
고 말했다. 그러자 주님이 말씀하셨다.

"아들아, 그 십자가는 네가 지고 온 거란다."

내 삶의 문제가 너무나 크게 느껴질 때면 눈을 돌려 주변 사

람들이 겪고 있는 문제를 바라볼 필요가 있다. 자신의 문제가 얼마나 가볍고 쉬운지 알게 될 것이다. 우리의 십자가가 고통이든, 죽음이든, 연속되는 실패이든 언제나 주님이 함께 지고 계시다는 사실을 기억하라. 그리고 자기 십자가를 꿋꿋이 지고 가면서 희생과 사랑을 실천하라.

혹시 그동안 누군가를 사랑하면서도 그를 위해 희생하지 않았다면, 희생으로 사랑을 표현하기 위해 최선을 다하라. 자기를 부인하고 자기 십자가를 지고 성령의 능력과 역사를 경험하라.

나는 책 사인회를 할 때 "참 희생은 승리의 지름길"이라고 쓴다. 참 희생이란 주님 눈에 보시기에 좋은 공의와 정의이다. 참 공의와 정의는 희생으로 나타난다.

||||||||||||||||||||||||
공의와 정의를 행하는 것은
제사드리는 것보다 여호와께서 기쁘게 여기시느니라 잠 21:3

지혜를 배우는 나눔 질문

Q1 "성령의 역사는 사랑이요, 성령의 능력은 희생이다"라고 했다. 나는 희생하기 위해 얼마나 자주 성령님의 능력을 구하는가?

Q2 성령님 안에서 나를 부인하고 나의 십자가를 질 때 도리어 참 기쁨이 있다는 사실을 경험했는가? 그 경험을 서로 나누어 보라.

Focus on!

딸아이들이 어렸을 때의 일이다. 밤늦게 비가 오고 천둥이 내리칠 때면 두 꼬맹이들은 재빨리 안방으로 뛰어 들어와 우리 부부의 허락도 없이 이불 속을 파고들어 잠들곤 했다. 사실 우리는 천둥이 칠 때마다 기다렸다는 듯이 아이들을 반겼지만 말이다.

빗소리와 거센 바람 소리는 아이들을 우리에게로 달려오게 만들었다. 혼란스러운 어둠 속에서 아이들의 어린 마음은 순간적으로 오직 하나, 부모인 우리에게만 향했다. 즉 우리가 바로 딸아이들의 '포커스'였다.

어둠은 꼭 두려운 곳이 아니다.

어둠은 꼭 앞이 안 보이는 곳이 아니다.

어둠은 꼭 외로운 곳만이 아니다.

어둠은 우리의 귀중한 것이 무엇인지 알게 한다.

어둠은 우리로 하여금 자신에게 포커스하게 만들어 준다.

석양 무렵 내리는 어둠은 우리를 분주한 일상에서 벗어나 자신에게 포커스하도록 도와준다. 밤중에 갑자기 정전이 되어 켜둔 촛불은 우리 자신에게 포커스할 수 있는 기회를 준다.

우리의 삶도 마찬가지다. 우리 삶에 찾아오는 어둠은 우리를 우리의 삶에 포커스하게 해 준다. 때로 어둠이 우리의 삶에서 어떤 열매가 중요한지, 무엇을 찾아야 하는지를 우리에게 일깨워 주는 것이다. 그러므로 삶의 어둠은 결코 두려운 곳만은 아니다. 결코 앞이 캄캄해 아무것도 보이지 않는 절망의 공간만은 아니다. 외롭게 내버려진 공간만은 절대 아니다. 삶의 어둠은 우리를 오롯이 자신에게로 포커스하게 하며, 삶의 희망과 방향을 제시한다.

스티븐 스필버그(Steven Spielberg) 감독의 영화 〈쉰들러 리스트〉는 제2차 세계대전 당시 유대인들이 당한 비극적인 수난과 고통, 그리고 죽음을 주제로 한 영화다. 이 영화는 특이하게도 흑백 필름이다. 단 한 명의 소녀만이 붉은 코트를 입고 등장할 뿐이다. 영화 전체의 배경이 흑백이다 보니 모든 사람의 시선과 관심이 붉은 코트를 입은 소녀에게로 포커스된다. 스필버그 감독은 흑백 영화에 붉은 코트를 입은 소녀를 등장시킨 이유를 다음과 같이 밝혔다.

"붉은 색은 순수함, 희망, 그리고 홀로코스트에서 희생된 유대인들의 붉은 피를 상징한다."

만약 영화의 배경이 흑백이 아니었다면 우리는 붉은 코트를 입은 소녀, 순수한 아름다움, 희생의 아픔, 그리고 희망의 힘이 주는 열정을 결코 깨닫지 못했으리라.

지나치리만큼 분주하게 돌아가는 일상 속에서 때로 우리는 삶의 목적을 잊은 채 살아가곤 한다. 가끔은 우리도 흑백 필름처럼 어둠 속에 지낼 필요가 있다. 우리가 스스로 어둠을 찾지 못하면 감사하게도 하나님이 우리를 그 공간으로 인도하신다. 그 순간은 우리가 우리 자신에게 포커스하며 열매를 맺을 시기임을 기억하라.

같은 맥락에서 볼 때, 하나님이 주신 십계명은 참으로 신기하다. 무엇보다 십계명의 언어 스타일이 특이하다. 십계명 중 8개 항목은 "하지 말라"라는 계명이다. 십계명의 "하지 말라"라는 계명은 마치 우리 삶의 복잡한 부분들을 하나씩 흑백으로 처리하는 듯하다. 그로써 오직 중요한 두 계명 "하라"를 컬러로 생생하게 표현하며 우리로 하여금 포커스하도록 의도한다.

> 네 마음을 다하고 목숨을 다하고 뜻을 다하여 주 너의 하나님을 사랑하라 하셨으니 이것이 크고 첫째 되는 계명이요 둘째도 그와 같으니 네 이웃을 네 자신같이 사랑하라 하셨으니 이 두 계명이 온 율법과 선지자의 강령이니라 마 22:37-40

흑백 필름 〈쉰들러 리스트〉에서 붉은 코트를 입은 소녀의 역할을 하는 십계명 항목, 즉 색을 입힐 필요가 있는 두 계명은 바로 '사랑'이다. 한마디로 하나님 사랑과 이웃 사랑이다.

때로 어둠에 놓일 때, 우리 인생이 흑백으로 물들 때, 그 순간이 찾아오거든 좌절하지 말고 내 삶에 역사하시는 하나님께 포커스하라. 그리고 사랑하라. 더 사랑하라.

|||||||||||||||||||||||||||

채소를 먹으며 서로 사랑하는 것이
살진 소를 먹으며 서로 미워하는 것보다 나으니라 잠 15:17

지혜를 배우는 나눔 질문

Q1 나의 마음은 요즘 어디에 포커스되어 있는가? 그것이 나에게 어떤 기분이 들게 하는가?

Q2 하나님이 명하신 "하라" 계명을 실천하기 위해 낮은 마음으로 성령님의 도우심을 구하며 행하고 있는가?

일어나
전진하라

—

얼마 전 유튜브에서 한 여성 무용수와 남성 무용수가 공연하는 "손에 손 잡고"라는 제목의 발레 영상을 보았다. 퍼포먼스가 무척 인상적이었다. 왜냐하면 남성 무용수는 오직 한 다리로, 여성 무용수는 한 팔만으로 춤을 추었기 때문이다.

　나는 영상을 보는 내내 제대로 숨을 쉴 수가 없었다. 신체적 장애를 극복한 무용수들의 퍼포먼스는 내가 지금까지 본 그 어떤 공연보다 실로 아름다웠다. 공연이 끝날 무렵, 내 눈에서는 어느새 눈물이 흘러내리고 있었다.

　두 무용수들은 비록 신체적인 약점을 지니고 있었을지언정, 정신적으로는 결코 나약하지 않았다. 그들은 오히려 누구보다 강인한 삶의 의지를 보여 주었다. 자신의 약점과 고통 속에 머무르지 않고, 우리에게 기꺼이 일어나 전진하는 삶의 의지를 보였다.

　1992년, 성공적인 사업가 월터 레빈(Walter Levine)은 의사로부터 "당신에게 남은 날은 사흘뿐입니다. 가서 당신의 신변을 정리하십시오"라는 절망적인 통보를 받았다. 당시 그는 뼈암(bone cancer) 진단을 받았다. 하지만 기적적으로 병마를 극복하고 일어났다. 그 비결은 다른 사람을 돕는 데 있었다. 병이 완치된 이후 그는 자신의 삶 전체를 이웃을 돕는 데 바쳤다. 그는 이렇게 회고했다.

　"다른 사람에게 나누면 나눌수록 나에게 돌아오는 것이 많아진다는 것을 깨달았다."

　지금도 그는 어려운 이웃을 찾아다니며 "당신을 어떻게 도와드리면 좋을까요?" 하고 물으며 그들을 섬기고 있다.

　장애가 있는 두 무용수, 그리고 암을 선고받은 사업가 월터 레빈의 삶을 보면서 나는 '무엇인가 중요한 것을 놓치며 살아가고 있는 것은 아닐까?' 하고 생각했다.

어떤 이들은 무용수들처럼 하나의 다리나 하나의 팔만으로 생활한다. 어떤 이들은 암과 사투를 벌이고 있다. 어떤 이들은 사지 마비의 고통 속에 살아간다. 어떤 이들은 중풍이나 약물 중독 때문에 자기 신체를 마음대로 가누지 못한다.

하지만 더 심각한 사람들이 있다. 자신들의 삶 속에서 기쁨, 평화, 그리고 희망을 잊고 정신적인 결핍을 안은 채 살아가고 있는 수많은 사람이다. 그들은 자신들이 부딪힌 난관을 어떻게 헤쳐 나가야 할지 몰라 허우적거린다. 그 어려움을 해결하기 위해 어디에 도움을 요청해야 할지 도무지 알지 못해 방황한다. 심지어 그들 중 상당수는 자신들이 직면한 고난에서 벗어나야 하는 이유조차 알지 못한다.

우리 주변의 수많은 사람이 이 같은 자신의 한계뿐만 아니라 악화된 관계 속에서 상처받고, 아파하며, 헤매고 있다. 그 결과 일어나 전진하는 삶을 선택하기보다는, 자신이 놓인 고난의 자리에 그저 주저앉아 버리는 삶을 살아간다. 그리고 자신에게 주어진 불행을 불평한다. 더 나아가 자신들이 전진할 수 없는 이유를 정당화한다. 강물의 흐름에 맞서 거스를 생각을 하지 않고, 그저 물살을 따라 떠내려간다. 오직 죽은 물고기만이 물살에 휩쓸릴 뿐이라는 사실을 망각한 채….

이런 면에서 볼 때 이웃을 도우면서 암을 극복한 사업가나 오직 하나의 팔과 다리로 살아가며 기꺼이 무용수의 길을 택한 이들은 강물을 거슬러 헤엄치는 물고기들과도 같다. 자신에게 주어진 인생의 난관과 맞부딪치고, 인생이 가하는 혹독한 채찍질에 도전하고, 자신의 신념을 되새기며 온갖 안일의 유혹과 맞서 싸우는 그들의 몸짓은 모두 강물의 흐름에 도전하는 연어의 몸짓처럼 아름답다!

예수께서 십자가에 못 박혀 돌아가신 것 역시 강물을 거슬러 헤엄치는 것과 같은 맥락이다. 예수님은 우리의 죄를 대속하시기 위해 기꺼이 자신의 생을 바쳐 물살을 거슬러 헤엄치는 모습을 우리에게 보여 주셨다. 예수님은 우리에게 이렇게 가르치신다.

일어나라 여기를 떠나자 요 14:31

안일한 삶의 자리에서 벗어나라. 삶의 두려움을 떨쳐버려라. 자신의 한계에 머물지 않도록 계속 도전하라. 주님이 우리가 처한 자리에서 일어나 전진하기를 원하신 것처럼 발걸음을 내디뎌라. 주님이 우리가 자기 연민에서 벗어나, 자기 한계를 극복하고 일어나 보다 나은 삶을 향해 나아가기를 바라신다는 사실을 기억하라!

비록 아이라도 자기의 동작으로
자기 품행이 청결한 여부와 정직한 여부를 나타내느니라 잠 20:11

지혜를 배우는 나눔 질문

Q1 예수님은 자신의 생을 바쳐 물살을 거슬러 헤엄치는 모본을 보여 주셨다. 예수님을 따라가는 제자로서 두려움을 떨쳐내고 물살을 거슬러야 하는 일은 무엇인가?

Q2 나를 한계에 가두고 전진하지 못하게 하는 것은 무엇인가? 내 힘으로는 결코 빠져나올 수 없다면, 성령님의 도우심을 구하며 신실한 중보기도자들에게 기도를 요청하라.

지금
당신의 일을 하라!

—

주님은 바울에게 말씀하셨다.

> 담대하라 네가 예루살렘에서 나의 일을 증언한 것같이 로마에
> 서도 증언하여야 하리라 행 23:11

나는 바울이 이 말씀과 함께 "어떠한 시험이 와도 모두 지나
가리라"라는 예수님의 음성을 들었을 것이라고 확신한다. 바울

은 핍박이 기다리고 있다는 사실을 알면서도 예루살렘에 갔다. 왜냐하면 그는 하나님의 목적과 연결되어 있었기 때문이다. 하나님의 목적은 우리를 주님께로 되돌리는 것이다.

20년 전쯤 삶의 목적이 무엇이냐는 질문을 받았다. 여동생이 물었었다. 나는 위암으로 여동생을 잃었다. 여동생은 2년 안에 죽게 될 것이라는 사형 선고를 받았다. 동생이 죽기 며칠 전 나눴던 마지막 대화를 기억한다.

"오빠, 나는 가족이 없어. 이런 때 가족이 있었으면 좋았을 텐데."

여동생은 미혼이었다. 나는 동생에게 "내가 네 가족이야"라고 말했다. 그러자 여동생은 "내 말은 남편이랑 자식 같은 내 가족 말이야"라고 답했다. 그날 밤 나는 가슴이 매우 아팠다. 여동생에게 그런 가족이 없어서가 아니라 죽을 날을 기다리며 침상에 누워 있는 모습 때문이었다.

여동생은 전쟁 중이었다. 하늘 아버지와 함께하기 위해 죽음을 받아들임으로써 주께 돌아가는 것과 이 땅에서 충분히 살 수 없다는 고통 사이에서….

아버지여 만일 아버지의 뜻이거든 이 잔을 내게서 옮기시옵소

서 그러나 내 원대로 마시옵고 아버지의 원대로 되기를 원하나

이다 하시니…예수께서 힘쓰고 애써 더욱 간절히 기도하시니

땀이 땅에 떨어지는 핏방울같이 되더라 눅 22:42, 44

예수님도 같은 경험을 하신 것 같다. 받아들이는 것과 고통
사이에서 말이다. 그 정신적인 고통은 말로 다 표현할 수 없을
것이다. 예수님은 자신이 고통받고 죽을 것을 알고 계셨다.

예수님은 저항하지 않으셨다. 예수님은 땀이 핏방울이 될 때
까지 부르짖으셨다.

예수님은 저항하지 않으셨다. 예수님은 부활할 것을 알고 계
셨다.

그렇지만 예수님도 우셨다.

땀이 핏방울같이 되는 것이 가능한가? 의학계에서는 이 일
이 가능하다고 말한다. 바로 혈한증(Hematidrosis)이다. 드문 경우
에 사람은 피땀을 흘린다. 이는 죽음을 직면한 것같이 극도의 스
트레스를 받을 때 일어난다. 뉴욕 로클랜드 카운티의 수석 검시
관 프레데릭 쥬기브(Frederick Zugibe)는 이렇게 말했다.

"땀샘 주위에 그물 형태로 다중혈관이 있다. 심각한 스트레

스 상황에서 혈관이 수축된다. 그러고 나서 불안이 일어날 때 혈관이 파열한다. 피가 땀샘으로 들어간다. 땀샘에서 많은 양의 땀을 배출할 때 땀에 섞인 핏방울을 표면으로 내보낸다."

나에게도 그런 일이 있었다. 마이애미와 포트마이어스에서 열리는 콘퍼런스에 가는 길이었다. 그즈음 심한 통풍이 생겼다. 약을 먹고 좀 나아졌지만 여전히 다리를 절뚝거렸다. 갈수록 통증이 더 심각해졌다. 소염진통제인 인도메타신을 먹었다. 이 약을 먹으면 약간의 어지럼증이 생기기 때문에 몇 년간 통증을 참으면서 복용하지 않았다. 그러나 언제나 긴급 상황을 대비해 약을 가지고 다녔다. 바로 이런 때를 위해서였다.

약을 먹고 한 시간 정도 지나자 운전을 하던 중 증상이 느껴졌다. 어지럽고 놀란 상태라 심장이 멈추는 느낌이 왔다. 그리고 쓰러질 무렵이었다. 고속도로에서 차를 세우면 쓰러져 죽을 것 같았다. 억지로 "하나님, 도와주세요" 하면서 가장 가까운 쉼터를 찾아 긴급 조치를 하려고 했다.

처음에는 통풍 약 때문에 어지럽다고 생각했다. 그러나 추가증상이 생겼고, 심장 때문이라는 생각이 들기 시작했다. 너무나 긴장되고 무서웠다. 숨을 쉬기가 어려웠다. 심장 박동이 빨라졌다. 입이 말랐다. 말도 할 수 없었다. 갑자기 손가락에 경련이 왔고 감각이 사라졌다. 팔을 들 수도 없었다. 간신히 가까운 쉼터까지 왔다. 차 안에서 일어날 수가 없었다. 다행히 차 옆으로 누가 지나가 도움을 받아 소방관이 왔다. 질문에도 답할 수 없었다. 앰뷸런스로 실려 가는 동안 상태는 더 나빠졌다. 병원에 도착하자마자 정맥주사를 맞고 산소 공급을 받았고, 좀 나아졌다.

다음 날 아침, 병원의 심장 전문의가 혈액 검사 결과 심장은 정상이며, 약에 대한 알레르기 반응인 것 같다고 말했다. 생각해 보니 나는 처방된 한 알이 아니라 두 알을 먹었었다. 게다가 빈속이었다. 혈관이 수축하고 숨이 가빠져 두려웠던 것이 당연했다.

스트레스와 불안은 우리 몸에 이상 반응을 만든다. 그러나 내가 아는 한 가지는, 내가 두려워할 때 고통이 효과를 내기 시작한다는 것이다. 손가락의 마비를 느꼈을 때, 팔을 들 수 없고 숨을 쉴 수 없었을 때 나는 창조주 하나님께 부르짖었다. 이 시간이 지나가게 해 달라고! 왜냐하면 나는 아직 하나님의 사람들을 그분께 되돌려야 하기 때문이었다.

"이 또한 지나가리라"라는 글귀가 생각났다. 승리를 자축할 때 겸손하게 하고, 절망 가운데서는 격려가 되는 말, 행복한 사람이 보면 슬퍼지고, 슬픈 사람이 보면 행복해진다는 말이다. 솔로몬은 이렇게 말했다.

솔로몬은 자신의 부요함 또한 지나갈 것을 기억하고 스스로 겸손했다. 진실로, 삶의 모든 것은 지나갈 것이다! 우리의 젊음과 건강 또한 지나갈 것이다. 좋은 날도, 나쁜 날도 지나갈 것이다.

바울은 자신이 고통당할 것을 알고 있었다. 바울이 자신이 죽을 것을 알고 있었는지는 잘 모르겠다. 그러나 그가 "나는 주 예수의 이름을 위하여 결박당할 뿐 아니라 예루살렘에서 죽을 것도 각오하였노라"(행 21:13)라고 말한 것은 분명하다. 바울은 고통이 지나갈 것을 알았다. 그가 어려움과 시련을 당할 때마다 천사들이 나타났고, 주께서 말씀하셨고, 성령께서 그에게 "이 또한 지나가리라"라는 말씀으로 위로를 주며 인도하셨다.

나는 "두려워하지 말라"라는 말씀을 들을 때면 하나님이 "이 또한 지나가리라. 힘을 내라"라고 말씀하시는 것 같다. 하나님은 고통의 시간을 지나가게 하심으로 우리를 성장시키신다. 그때까지 우리는 반드시 우리의 역할을 해야 한다.

당신은 하나님이 거기 계심을 안다. 우리는 단지 하나님이 거기 앉아서 당신을 그 상황에서 끌어내시기를 기다릴 수 없다. 우리는 우리의 역할을 하면서 그 시간이 지나가기를 기다려야 한다. 지금 당신의 일을 하라.

너는 갑작스러운 두려움도
악인에게 닥치는 멸망도 두려워하지 말라 잠 3:25

지혜를 배우는 나눔 질문

Q1 "두려워하지 말라"라는 말씀을 들을 때면 하나님이 "이 또한 지나가리라. 힘을 내라"라고 하시는 말씀으로 들리는가? 하나님은 우리의 삶을 응원하는 분이시다. 고통 가운데 주저앉아 있는가? 하나님은 고통 가운데서도 일어나 자기 할 일을 하는 사람을 도우신다.

Q2 상황이 어떠할지라도 지금 당신이 일어나 해야 할 일은 무엇인가? 무슨 일을 해야 할지 모르겠다면 하나님께 솔직한 심정으로 어떤 일을 해야 할지 간절히 구하라.

훈육을
기뻐하라

—

성공하기 위해 인생에서 가장 중요한 한 가지는 무엇인가? 목표, 목적, 기도도 중요하고, 지식과 지인 역시 중요하다. 아이디어도 중요하다.

언젠가 나의 큰딸 크리스티나가 사업을 시작하고자 하는 친구들을 몇몇 데려와 나에게 조언을 부탁했다. 그들은 나에게 자신들의 비전을 설명했다. 케이터링 서비스(Catering Service, 식음료 출장 서비스)에 관한 사업이었다. 그러고는 내게 아이디어가 어떤지 물었다. 나는 좋다고 말했다. 에너지와 영감을 주는 아이디어였다.

그러나 사실 아이디어는 모두가 가지고 있다. 핵심은 실행에 있다. 실행이란 무엇인가? 실행은 절차에 관한 것이다. 실행이란 당신이 지속적으로 매일 하는 일에 대한 것이다. 그렇다면 어떤 일들을 지속적으로 하기 위해서는 무엇이 필요한가? 훈육(discipline)이 필요하다.

아주 오래전 나의 한 친구는 피아니스트였다. 그녀는 커티스 음악학교(Curtis Institute of Music)를 졸업하고 줄리어드에 다니면서 박사 학위 과정에 있었다. 어느 날 나는 그녀에게 아직도 피아노 레슨을 받는지 물었고, 그녀는 그렇다고 답했다.

나는 교수님이 나이가 많지 않느냐며, 그가 도움이 되는지를 물었다. 그녀는 교수님은 훈육받는 것을 도와주는, 마치 코치와 같다고 말했다. 교수님은 젊었을 때 실력이 있었다고 했다. 그리고 지금 자신에게 없는 것은 교수님의 지혜이며, 그분이 가지고 있는 인맥이라고 말했다. 그러나 그중에서도 가장 중요한 것은 훈육이라고 했다.

훈계를 좋아하는 자는 지식을 좋아하거니와 징계를 싫어하는 자는 짐승과 같으니라 잠 12:1

10년 전쯤 엔지니어 인터뷰를 봤다. 나는 한 응시자에게 가장 존경하는 사람이 누구인지 물었다. 그는 고등학교 축구팀 코치라고 대답했다. 이유를 물으니, 그 코치는 소리를 많이 질렀지만 자신을 바로잡아 주기 위해 그런 것이라는 사실을 알았기 때문이라고 답했다. 응시자는 코치를 싫어했지만 견뎠고, 졸업식 때 '코치님이 나를 바른길로 훈육해 주었다'는 중요한 사실을 깨닫고 눈물을 흘렸다. 그때 그는 훈육의 중요성을 배웠다고 대답했다. 더 이상 인터뷰를 할 필요도 없었다. 나는 그를 고용했다. 그는 지금까지 우리 회사에서 일하며, 이제는 중역이 되었다.

모세는 하나님이 훈육하신 사람(a disciplined man)이었다. 그는 도망쳤고, 행동하는 사람이었다. 그는 조롱당하는 히브리 사람을 위해 어떤 일을 해야만 한다고 생각했다. 그 일로 애굽의 화려한 왕궁을 떠나 40년간 광야에서 지내야 했다. 하지만 하나님이 부르셨을 때 그는 순종했다. 모세는 원하지 않았지만 순종했고, 훈육받는 사람이 되었다. 아마도 모세는 이렇게 기도했을 것이다.

"하나님, 만약 저를 기쁘게 여기신다면 주님의 길을 가르쳐 주셔서 제가 하나님을 알게 하시고, 당신께 계속 페이버를 얻게 해 주세요."

그리고 그는 하나님의 눈에 페이버를 얻었다. 하나님은 계속해서 그를 가르쳐 주셨고, 그에게 하나님의 길을 보여 주셨다. 모세는 계속해서 페이버를 얻었다. 계속해서 순종할 때, 특별히 희생이 필요한 순종을 할 때 훈육이 필요하다.

훈육을 사랑하는 사람은 삶을 사랑한다.

훈육을 사랑하는 사람은 페이버를 찾는다.

훈육을 사랑하는 사람은 하나님이 기뻐하신다.

훈육을 사랑하는 사람은 지식을 사랑한다.

지식을 사랑하는 사람은 지혜의 시작이신 주님을 경외한다.

훈육에는 희생이 필요하다. 진정한 순종에는 희생이 필요한 것처럼 말이다. 희생이 없다면 순종도, 훈육도 없다.

||||||||||||||||||||||||

훈계를 좋아하는 자는 지식을 좋아하거니와
징계를 싫어하는 자는 짐승과 같으니라 잠 12:1

여호와를 경외하는 것이 지식의 근본이거늘
미련한 자는 지혜와 훈계를 멸시하느니라 잠 1:7

지혜를 배우는 나눔 질문

Q1 성공하기 위해 가장 중요한 한 가지가 훈육을 기뻐하는 것이라고 하는데, 나는 이 말에 동의하는가? 내게 훈육을 기뻐하는 지혜가 있는가?

Q2 나를 훈육시켜 주신(주시는) 분은 누구인가?

WIS
DO
W31
M